日本人が知っておくべき「日本国憲法」の話

KAZUYA【著】

KKベストセラーズ

まえがき　〜イメージで語られる「憲法」

「日本国憲法」は良いもの？「大日本帝国憲法」は悪いもの？

最近、「憲法」の話題がニュース等でよく取り上げられます。

今年（平成28／2016年）は「日本国憲法」公布から70年。来年（平成29／2017年）5月3日「ゴミの日」（失礼、「憲法記念日」です）で、施行70年の節目です。重大事項の節目というのは何かとピックアップされるものですが、特に憲法は最近の政治状況も反映されてか余計に注目されています。

平成28年夏の参院選で自民・公明の与党と、維新など改憲勢力が衆議院、参議院の両院で3分の2の議席を占めることになりました。これによって、日本国憲法96条に書いてある「憲法改正」の発議が国会でできる状態にあるのです。

1年以上止まっていた「憲法審査会」も平成28年11月から再開され、俄然《がぜん》憲法改正への流れができつつあります。安倍晋三首相は〝憲法改正〟が長年の念願でした。第一次安倍政権のときには、憲法改正に必要な国民投票についての法律を作りました。それが「日本国憲法の改正手続に関する法律」、いわゆる「国民投票法」です（そもそも改正に必要な国民投票のルールが今までなかったんかい！　とツッコミを入れたくなりますが……）。「着実に流れはできている」と言っていいでしょう。

そうした状況もあり、70年の節目と合わせて注目されている憲法の問題——。

しかし、「憲法」と聞いてどうでしょうか。「なんだか難しそう」とか、「堅苦しい」とか、「よくわからないな」と思われるかもしれません。

学校で憲法について習うことはあるでしょう。でも、基本的には日本国憲法について習います。授業を普通に聞いていれば、日本国憲法は「素晴らしい」、もしくは「良いもの」と思うはずです。逆に、その前にあった大日本帝国憲法については、「なんだか怖い」という印象を受けるのではないでしょうか。

ただ考えてみると、学校で習うといってもあくまで「日本国憲法は良さそう」、「帝国憲法は怖そう」というイメージ・印象があったとしても、実際にどういうものかというのを詳しくは知らないように思います。

例えば、「帝国憲法は怖そう」との印象がある人は、帝国憲法の成り立ち、そして条文を一度でも見たことがあるでしょうか。実は見たことがないという人が多いのではないでしょうか。

本書のシリーズ本である前著『日本人が知っておくべき「戦争」の話』でも書きましたが、どうも戦前の日本は暗黒時代のように取り扱われている感があります。ですから帝国憲法については、否定、あるいは日本国憲法を褒《ほ》め称《たた》える材料として使われることはあっても、肯定的に捉えられることがありません。そもそも名称も正式な略称の「帝国憲法」ではなく、通称である「明治憲法」が普及している始末です。

多くの先人たちの労作である大日本帝国憲法。それをよく知らずに、「怖そう」というイメージだけで否定するというのは、なんとも先人に対して申し訳ない話です。

一方で、日本国憲法はまず肯定から入ることが多いでしょう。現在行われている憲法論議というのも、結局は日本国憲法を土台にして話し合われています。9条の条文をどうするとか、環境権がどうとか、緊急事態条項がどうとか……、すべて日本国憲法がベースになっています。

自民党内には、日本国憲法をアメリカから押し付けられたもの（いわゆる「押し付け憲法論」）と考える議員も多いのですが、その押し付けられたという憲法を土台に議論して、果たして意味があるのかとの疑問も当然出てくるでしょう。

「憲法」の成り立ちを知ろう！

そうした点も踏まえ、70年という節目の今こそ、憲法改正の発議ができる状態にある今だからこそ、私たち国民は憲法について知る必要があります。

改正と言っても、結局最後は「国民投票」になります。私たちの投票が憲法を左右するのです。安易にマスコミの情報に流されて投票を決めるより、まず自分で最低限の知識を身につけておけば、しっかりと考えることができます。

まずは「憲法とは一体何なのか」――、そして、日本における「憲法の成り立ち」を知ることが重要です。

帝国憲法にしろ、日本国憲法にしろ、その成り立ちを知ることで「なるほど、だからこういう条文ができたのか」と、現在の憲法問題を考える上で有益になることは間違いありません。

「日本国憲法はなんとなく良さそう」とか、「帝国憲法はなんとなく怖そう」というイメージではなく、しっかり知った上で考えてみましょう。

ただ、憲法について知ろうと思っても、やはり憲法の本は難しいと思われるでしょう。でも大丈夫！　本書では「憲法とは何か」「帝国憲法と日本国憲法はどうやってできたのか」、そして「日本国憲法の問題点」について、軽いニュアンスで書いてあります。

憲法改正が大きな話題になる今だからこそ、私たちの大切な憲法について一緒に考えてみませんか。

KAZUYA

日本人が知っておくべき「日本国憲法」の話 ◎ 目次

第2章 【大日本帝国憲法について】
「大日本帝国憲法」はそんなに悪いものなの？

第3章 「日本国憲法」はこうして作られた！
【日本国憲法の成立過程】

第4章 【日本国憲法の諸問題】議論するところは〝9条〟だけじゃない！

※本書の引用部分につきまして、原文の記述を損なわない範囲で一部要約した箇所があります。また、歴史的仮名遣い及び正漢字も、新仮名遣い及び新漢字に変更した箇所があります。
※敬称につきまして、一部省略いたしました。役職は当時のものです。

第1章◆憲法の基礎知識

そもそも「憲法」って何だろう?

護憲派も改憲派も語らない――
憲法の“常識”について、
再確認しておきましょう!

「憲法」の話
其の 1

【憲法改正の意味】

憲法はOSみたいなもの。アップデートするのが世界の常識

現代ではパソコンはもちろん、スマートフォンの普及も凄まじいものがあります。ほんの20年ほど前はさほど普及していなかったものが、今や誰もが持っているような時代です。

そんなパソコンやスマホにはOS（基本ソフト）が入っています。OSはコンピューター全体を管理、制御して動かすために必要な、とても重要なソフトです。パソコンならばWindowsやOSX、スマホならばAndroidやiOSなどがあります。誰でも聞いたことはあるでしょう。

OSも完璧ではありませんから、バグ（不具合）が見つかることがあります。そうした場合アップデートをして、そうした不具合を潰しつつ機能を向上させ、さらに良い状態にしていくのです。

パソコンやスマホでも度々ＯＳの細々としたアップデートが行われます。さらに時代が移り変わって機能や用途の拡大が必要になれば、ＯＳが根本的に変わることもあります。そうして常に最新の状態を保つことになります。

国家の根本的な法である憲法も、ＯＳに似たところがあるのではないでしょうか。人間の作る法ですから、完璧とはいきません。何らかの不備が出てきます。作った時点ではなかったような概念も、時間が経てば出てくることもあります。そうした場合、普通であれば憲法をアップデート（改正）するのです。

例えばアメリカだと、元の条文をいじるわけでなく、従来のものを残しつつ修正条項として付け足していきます。「アメリカ合衆国憲法」は１７８７年に制定されて以来、これまでに18回、27ヶ条の追補を行っています。

日本と同じ第二次世界大戦での敗戦国であるドイツはどうでしょうか。ドイツは戦後、東西に分断されました。西ドイツでは「憲法」という名前ではなく、「ドイツ連邦共和国基本法」を作りました。旧西ドイツのボンで起草されたので、「ボン基本法」とも言われています。

これは当初、「東西ドイツが統一するまで」と考えられていました。しかし、その後東西ドイツが統一しても新たな憲法が作られることなく、現在もボン基本法が存続しています。

そして、改正に関してはなんとこれまでに60回も行われているのです。大戦後に作られて60回の改正ですから単純に考えると、毎年のように改正がなされているような感覚です。

１９１７年に制定された「メキシコ憲法」は、２０１５年7月までに２２５回も改正されており、もはや年に1回どころの改正ではありません。１８１４年に制定された「ノルウェーの憲法」も頻繁に改正されており、なんと４００回以上になると言います。

他の国々でも、度々、憲法改正が行われています。これが世界の実態です。

「憲法」の話 其の2

【改憲という選択肢】

生誕70年――。「日本国憲法」にバグはないのか？

一方、我が国に存在する「日本国憲法」はどうでしょうか。

日本国憲法が公布されたのは昭和21年（1946）11月3日のことです。この日は明治天皇の誕生日で、かつては「明治節」と呼ばれる祝日でした。現在は「文化の日」となっています。

そして、公布から半年後の昭和22年（1947）5月3日に施行されました。語呂も「ゴミの日」で覚えやすく、現在は「憲法記念日」となっています。

つまり、今年（平成28年）で公布70年、来年（平成29年）は施行70年という節目を迎えることになります。世界各国では何度も憲法改正が行われる中、日本国憲法は誕生以来一度も、一字一句何ら変わることなく今の今まで来ているのです。

「それって日本国憲法はまったくバグのない、パーフェクトな憲法ってことじゃないの？」と思われる方もいるでしょう。しかし、そうでしょうか。後の章で詳しく見ていきますが、日本国憲法には様々な不備が見られます。ではそういった不備をどうしていたのかというと、無理がある解釈でごまかし続けてきたにすぎません。

もしくは「あれ？　バグに見えるけど、実はこれバグじゃないんじゃね？」と、バグをバグではなく、「そういう味であり、仕様だ」と無理やり自己説得しているような状態です。

当たり前ですが、「他国がみんな改正しているんだから、日本もとにかく改正すりゃいいんだ」と主張しているわけではありません。日本では憲法の話になると、極端に「絶対に変えてはいけない！」と主張される方が大声を出しているので、それに毒されて「憲法は変えてはいけないもの」という、変な先入観を持ってしまう方が多いのかもしれません。

まずは憲法について考える上で、先入観を捨てて「改憲する〝選択肢〟もあるのだ」と考えていただくといいと思います。少なくとも日本以外の多くの国は、必要なときに改正をしてきています。

「憲法」の話 其の3

護憲派も、改憲派も、憲法と言ったら「9条」の話に……

【9条以外も問題あり】

憲法の問題は、話題になっては下火になり、また話題になっては下火になりを繰り返してきました。かつては大臣が「憲法改正」を口にすると首が飛ぶような時代もありましたが、その時代に比べると改正についても言及しやすい時代にはなってきています。

本書を執筆時点で、日本は安倍晋三氏が内閣総理大臣ですが、安倍総理は長らく憲法改正への意欲を見せています。さらに与党で憲法改正要件を満たす衆参3分の2を占めているため、余計に注目が集まっていますから、ことあるごとに憲法改正というのもマスコミがピックアップするような環境にあるのです。日本国憲法は、これまで一度も、一字一句も改正されていませんから、憲法改正自体が初めてのことになります。

憲法改正の機運が高まる中で様々な意見が出ており、その中で現状だと「護憲派」「改憲派」として括られることが多いでしょう。

しかし、護憲派・改憲派の議論は、結局は「戦争放棄」と「戦力不保持」を謳《うた》った〝9条〟の問題に多くの時間が割《さ》かれています。

後の章で書くように、日本国憲法の憲法制定時と比べて、現代は安全保障環境が大きく変化しています。それだけでなく、あらゆる状況が変わってきているのです。

「あらゆる状況が70年前と比べて変わっている」と言っても、護憲派からは「世界に誇る憲法9条を変えたら戦争になってしまう！」「侵略国家の日本が憲法を変えてしまったら世界で孤立してしまう！」「改憲して自衛隊を軍隊にするなんてもってのほか！災害支援に特化した部隊にするべきだ！」「安倍政権での改憲はダメだ！」など、安全保障を無視した非現実的な意見も聞こえてきます。

ちなみに、日本国憲法が「世界に唯一の平和憲法」と言う人もいるようですが、それは誤りでしょう。憲法学者西修《にしおさむ》氏の調査によると、世界189カ国の憲法を調べた結果、その84％にあたる159カ国の憲法に「平和条項」が置かれていることがわかりました。

日本国憲法9条1項のように、「国際紛争を解決する手段としての戦争放棄」は、イタリアやアゼルバイジャンの憲法にも見られますが、当然、「自衛権」を否定するわけでなく、「兵役の義務」もあります。
韓国やドイツは「侵略戦争の否認・禁止」を定めています。しかし、軍隊は保持していますし、韓国は徴兵制が敷かれていることでもおなじみです。憲法にこうした「平和条項」を入れるのは、何も日本だけではないのです。

一方、改憲派からは「世界情勢が変化しているんだし、現状のままでは日本の安全は守れない！　だからこそ9条改正だ！」「日本国憲法には緊急事態条項がない！　これでは幅広い有事に対応できないじゃないか！」「日本国憲法の改正要件（96条）は厳しすぎる。だからここから改憲だ！」など、手を替え品を替え、なんとか改憲の方向へ導《みちび》こうとする言論が聞こえてきます。

それらの意見を聞いていると、確かに憲法について議論されているような気がします。しかし、よく聞いてみると、「日本国憲法の条文をどうするか」という話が主になっていることに気づくでしょう。条文と言っても、基本的に話題に上がるのは9条の話ばかりです。

さらに、９条をめぐる改憲派と護憲派のイデオロギーのようなものが前面に出ており、まともな憲法議論とは言えない状況だと個人的には感じています。

改憲派も、護憲派も、９条以外のことにももっと注目すべきでしょう。

さらに言うと、条文はもちろん大事なのですが、条文だけで憲法を語ることはできません。それではスケールが小さすぎるのです。

【憲法とは何か】

「イギリスには憲法がない」!? ホント? ウソ?

「憲法」の話 其の4

じゃあ、「そもそも憲法ってなんだろう?」という話です。

私たちは学校で憲法について習うでしょう。しかし考えてみると、憲法のあたりは、あくまでもテストの点を取るための勉強であって、自分とはどこか遠い存在と思っていなかったでしょうか。憲法改正の議論が盛んな今、ニュース等でも憲法がどうだこうだという話を聞くようになりました。

まず、憲法には幅広い概念があります。

教科書的な言い方だと「形式的意味」とか、「実質的意味」などと分けますが、わかりやすく言えば、その国の歴史・伝統・文化に根ざした「国家統治の基本」であり、「国家運営の原理原則」と言えます。

日本国憲法や大日本国帝国憲法は成文化されていますし、世界的にも多くの国が憲法を文書として残しています。このように成文化した憲法のことを「憲法典《けんぽうてん》」と言います。

一方で、憲法を成文化《せいぶんか》していない国もあります。憲法が成文化されていないから、その国に憲法がないのかといえばそんなことはないのです。

イギリスには「イギリス憲法」というような、体系的にまとまった憲法典がありません。しかし、憲法は存在します。

憲法典はなくても、「マグナ・カルタ（1297年）」や「権利の章典（1689年）」「王位継承法（2013年）」などの憲法的な法規、さらにこれまでの慣習、議会決議、判例などから運用され、憲法を構成してきました。

成文化していなくとも機能している「不文憲法《ふぶんけんぽう》」の形式をとっています。いわば紆余《うよ》曲折《きょくせつ》を経て、歴史の積み重ねから、憲法が「成り立っている」のです。

本質的に憲法はその国の歴史や伝統、国柄によると言えます。ですから憲法について考えるというのは、何も条文とにらめっこするだけじゃなくて、その国の歴史や文化との〝対話〟でもあります。そうした作業を経るからこそ、どの国も特色のある憲法になるわけです。

憲法は実質的な意味において、成文・不文の形態を問いませんから、「国家である以上、憲法は存在する」とも考えられます。日本だと日本国憲法と、かつての大日本国憲法が憲法典として存在しました。が、それ以前も建国以来、日本としての〝慣習〟があり、機能していました。そうした歴史との対話を行うことが、憲法論議をする上でも大事になってきます。妙に無機質に憲法を捉える人もいますが、憲法には歴史に根ざした血が通っていないと運用できないのです。

日本の国柄について見ていくと、当然の如き発見があるはずです。そう、それは「皇室」、「天皇」です。日本国憲法でも、大日本帝国憲法でも第一条には天皇のことが書いてあります。これは日本の歴史を見れば一目瞭然《いちもくりょうぜん》ですが、日本は幕府が権力の立場にあっても、権威の存在として常に天皇の存在がありました。

初代神武天皇即位以来、今上陛下《きんじょうへいか》で125代を数えるという、とてつもなく長い歴史を誇ります。日本の歴史は常に天皇と共にありました。その確認として重要だからこそ憲法典に記されているのです。

「憲法」の話 其の5

【立憲主義】

「憲法は権力を縛る」って、どういう意味？

憲法について話題が上がるとき、「憲法は権力を縛るものだ」と聞いたことはないでしょうか。よく耳にするけれども、これは一体どういう意味なのでしょう。

現在運用されている日本国憲法は、日本の「最高法規」と言われます。最高法規ということは、とりあえず「法律の上にくる概念」とおさえておけばいいでしょう。法律の上位に憲法があるということは、「法律を作るときの原理原則になる」ということでもあります。

そして、憲法というのは誰に対して書かれたのかというと、「権力者」に対して書かれたものです。先ほど書いたように、憲法とは国家統治の基本であり、国家運営の原理原則になります。この原理原則となる憲法を元に政府は法律などを作るわけですから、憲法から逸脱するような法律は作ることができないわけです。あくまでも憲法の範囲内に行動が制限されるわけですから、国民の権利をむやみに制限したり奪うことはできません。だから「権力を縛る」と言われるのです。

このように憲法には権力を制約する「制限規範」の側面があります。しかし同時に、権力を行使する根拠も与えています。さきほどから法律を作る云々と言っていますが、なぜそんなことを国会ができるのかといえば、憲法に立法権が定められ、国会に授けられているからです。

さらに、私たちはちょっと買い物するときにも税金を徴収されます。これも憲法に課税徴収権が政府に授けられているからできるのです。そうした意味で「授権規範（権限を授ける規範）」とも言えます。

最近よく「立憲主義」というワードが出てくることがあるので、関連で見ておきましょう。これは簡単に言えば、「憲法に基づいて政治を行いましょう」ということです。

近代的な立憲主義のルーツは、フランスの影響が大きいでしょう。かつての一時期、ヨーロッパは「王」が強大な権力を持っていました。つまり、「王」と「民衆」という対立軸が常にあったわけです。王の横暴を制限するために、「王といえども、法に従ってやるべきだ」という発想です。
今の日本でも、「政府」と「国民」という対立軸をやたらと作りたがる人がいますが、日本の歴史上そういった強権をふるう人間は出てこなかったので、なかなか理解しにくい概念かもしれません。どちらかというと、日本は「君民共治」で一緒にやってきました。ですから、日本では「常に、権力は悪である」という発想は根付かないように思います。
特に、去年の安保法制の審議の頃に「憲法は権力を縛るものだから、国民は憲法を守らなくてもいいんだ」とか、「立憲主義が大切だ」という声も大きく聞こえてきました。確かに日本国憲法の条文を見ると、99条に次のようにあります。

第九十九条　天皇又は摂政及び国務大臣、国会議員、裁判官その他の公務員は、この憲法を尊重し擁護する義務を負ふ。

権力を縛るといっても、実際には公務員によって行使されることから、99条の規定が設けられています。この規定に「国民」の文言がないので、「国民は憲法を守らなくていい」というような発言も出てくるのでしょう。しかし、それは当然の義務なので、「前提条件だ」との見方もあります。

日本国憲法制定に向けた帝国議会の委員会で、当時の憲法担当大臣金森徳次郎《かなもりとくじろう》は、「権力者や権力者に近い者が憲法を濫用して国民の自由を害することを防ぐために、一般的で伝統的な考え方を取り入れて、政治家や公務員に憲法の遵守《じゅんしゅ》義務を設けた」と述べています。国民の尊重義務については当たり前すぎて書かなかったということです。

ちなみに、尊重し擁護する義務があるからといって、国会議員が憲法改正の議論をしてはいけないわけではありません。国家運営の原理原則とはいえ、不備だって出てくるでしょうし、時代に即さない面が出てくるのは当然なのです。ですから、日本国憲法の96条はもちろんのこと、各国の憲法には「改正の規定」があります。

つまり、改正を議論することも憲法に則《のっと》っていますし、立憲主義に反する行為ではありません。護憲派は何が何でも改憲を阻止するために、「立憲主義に反する」などと言いたいお年頃なのでしょうが、日本国憲法を絶対的なモノとして必要な議論すらさせないという姿勢は、本当に意味不明です。

「憲法」の話 其の6

【日本国憲法の三大原則】

日本国憲法の価値観は、果たして〝絶対〟か？

私たちは、日本国憲法の「三大原則」とやらを教育で叩き込まれます。基本的にはポジティブな捉え方で登場するわけですが、〝負〟の面もあるということも考える必要があると思うのです。

例えば、「国民主権」です。これはざっくり言えば「国の政治の決定権は国民が持っていて、決定権を持っている国民の意思に基づいて政治が行われますよ」という原理です。国民が持つ意見を尊重しながらも、どこかで意見をまとめる必要がありますから、国民の中から選ばれた代表者が議会でまとめていきます。

確かにこれだけ聞けば「ええやん」と思うでしょうが、国民の意思がまとまってしまえば「王の首を切る」など何でもありということでもあります。実際、「フランス革命」は、強大な権力を持つブルボン朝を国民主権の名の下に、国民が奪い返そうという動きでもあります。

　フランス革命に対して、何か変な憧れを持っている人もいるようですが、一方で「反革命的だ！」と目《もく》された一般市民も大量に虐殺されていたのです。結果王の首を切り、王妃の首も切り、「反革命」の烙印《らくいん》を押された人々が筆舌《ひつぜつ》に尽くしがたい残虐な方法で30万人ほど殺されています。

「国民が望めば何でもあり」というのが、国民主権の本質的な部分としてあります。だから私たちは、この〝絶対〟と思っている価値観について、少し疑問を持つことも必要だと思うのです。しかし、例えば一時的なブームなどで「天皇は廃止にしよう」と考えられ、それが国民の合意になれば、脈々と続いてきた皇室はなくなってしまうでしょう。そうした恐ろしい面も備えています。

「日本人は常識があるから大丈夫だろう」と私たちは考えてしまいますが、国民が望めば誰も止めるものはいなくなります。まさに、制御不能――。

　民主主義も万能ではありません。国民みんなの意見で議員を決める選挙をやるときに、候補者はいいことばかり言うでしょう。「大衆迎合」というか、「ポピュリズム」というか、みんなで話し合ってもいい政治ができるとは限りません。だから、民主政治が絶対的に万能かといえばそうではありませんし、独裁国家が皆不幸せなのかといえば、そうとも言い切れない面があります。

さらに、日本国憲法を語る上では、「人権」の概念が強調されます。「人間だから享有する権利がある」と言われますが、そもそも人権というのは、殺し合いばかりしているヨーロッパから生まれてきた発想です。「人間を殺してはいけない」という、日本人にとっては太古の昔から当たり前になっていることが、彼らにはわからなかったのです。あまりに悲惨な「宗教戦争」などの殺し合いを繰り広げる中で、人権という思想を彼らは考えました。そして普及させる必要がありました。

そして、その人権を元に憲法を作り、国家権力に対して歯止めを効かせるようにしたのです。ですから人権を語る上で、「昔の日本は人権を認めていなかった」などと、頓《とん》珍漢《ちんかん》な批判がありますが、そもそもの人権に対する発想が、ヨーロッパの人たちとはまるで違います。「人は人だから殺してはいけません」という出発点は日本人にとっては当たり前のことだったので、必要のない概念だったのです。

時代が進むにつれて、新しい人権などというように、人権の範囲も広がってきました。

「環境権だ」「プライバシー権だ」というあれです。こういった権利を憲法典に書き込もうという動きもありますが、「書いたからといって、実現するわけじゃない」ということも頭に入れておかなければいけません。

現状でも「基本的人権は尊重される」「健康で文化的な最低限度の生活を営む権利がある」と憲法に書いてはあります。しかし一方で、北朝鮮へ拉致《らち》された人たちの人権は守られていません。不幸な境遇にある人が、そうした条文を信じて裁判を起こしたところで、「努力目標だから大臣の裁量だ」と退けられることが多いのです。

憲法というのは、条文だけがすべてじゃなく、やはり「関連法」や「運用」がセットで重要になります。この運用がうまくいかないのであれば、憲法は死んでいるようなものです。日本国憲法はすでに死んでいるように思えてなりません。

【憲法と道徳】
憲法典に「道徳」を書き込んだらどうなる？

「憲法」の話 其の7

憲法改正の議論で、「家族を大切にする条項を入れよう」といった論もあります。いわば「道徳規範」のようなものを憲法典に書き込むというものです。「まぁ大事なことだし、書いておいてもいいかな」とも思われるでしょう。しかし、問題も出てきます。政治家などは当然、「憲法遵守義務」があります。するとどうでしょう。週刊紙が度々報じるように、スキャンダルで不倫などが発覚したら大問題です。ただでさえ政治家のスキャンダルで国会がストップするのに、憲法典に道徳規範を書いてしまうと、一気に「憲法問題」になってしまいます。

さらに言えば、憲法は慣習ですから、確かに家族を大切にするという理念は大事ですし、大賛成するところですが、憲法に書いたら実現するというわけでもありません。理想論だけ掲げても意味がないのです。

憲法改正で「家族は大切に」と書いたからといって、浮気を繰り返す人がやめるわけではないでしょう。ヤル人はヤルのです（意味深《いみしん》）。

憲法典には余計なことを書かないほうが無難です。

むしろこういったことは明治の人のほうがわかっていたようにすら思います。というのも、明治23年（1890）に発布されてから敗戦後に廃止になるまで、日本には「教育勅語《きょういくちょくご》」がありました。

国家の基本法としての大日本帝国憲法があり、道徳規範は帝国憲法とは別に教育勅語を設けたのです。

GHQの影響か、現代日本では何やら危険思想に捉えられることもある教育勅語。しかし中身を見てみると、何が危険思想なのかわからなくなります。

「親を大切にしましょう」とか、「友達を大切にしましょう」とか、「夫婦・姉妹は仲良くしましょう」とか、「勉強して知識を養いましょう」とか、「公益になるような仕事に尽くしましょう」とか、「社会秩序・法を守りましょう」とか、およそ危険思想とは対岸にあります。

教育勅語は「天皇陛下からのお言葉」というカタチがとられています。ここでひとつ重要なのは、教育勅語は天皇から国民に対する命令ではなく、「私もやりますから、皆さんもやりましょう」というものだったことです。

家族の尊重という部分を何らかのカタチで残したいのであれば、憲法とは別に「平成の教育勅語」を作ってもいいのだろうと個人的には考えています。「帝国憲法とは別に、教育勅語を設けた」という明治の先人の感覚から察するに、「現代の憲法議論というのは、明治時代より衰退している」とも見ることができるのではないでしょうか。

【硬性憲法と軟性憲法】

憲法は、変えやすいほうがいい？変えにくいほうがいい？

「憲法」の話 其の8

改憲議論をするときに、主に改憲派から「今の日本国憲法は、あまりに改正の規定が厳しいから、改正要件を緩和しよう」という声があります。

日本国憲法の96条に基づいた実際の手続きでいえば、国会で議員の3分の2の賛同を得て発議し、国民投票で私たちが投票するというカタチです。特に日本だと衆参両院で3分の2の議席を得るというのが難しかったように思います。だからこそ、改憲派も96条を先に変えようと発言していました。

一般の法律の改正手続きより、さらに厳格な改正手続きを設けた憲法のことを「硬性憲法」、逆に憲法改正が法律を改正するのと変わらないような憲法を「軟性憲法」と呼んでいます。日本の場合は議会での衆参両院で3分の2とさらに国民投票がありますから、硬性憲法に部類されるでしょう。

安倍政権が誕生して、数回の選挙を経た結果、与党と改憲勢力が衆参両院で3分の2を占めることになりました。難しいと思われていた3分の2の要件を満たしてしまったのです。

これには選挙制度も関係があるでしょう。特に今の小選挙区制だと、多数派が生まれやすいという状況です。だからこそ、自民党を中心とする与党と改憲勢力が衆参両院で3分の2を議席を獲得するに至りました。厳しいと言われながらも不可能ではないのです。日本の場合、憲法改正が難しいというのは3分の2の規定より「国民の中に憲法改正についての合意がない」ことではないでしょうか。まだまだそこまでの議論になっていないのです。

そのような中で、軟性憲法に近づけるのもどうかと思うのです。

憲法というのは国家の最高法規ですし、性質上硬性憲法で問題がないように個人的には感じています。憲法には原則だけ示した上で、余計なことをあれこれ書かない「簡文主義」をとり、法律等で柔軟に対応しながら慣習を積み重ねることによって運用していくといいのだろうと思います。これなら改正の機会がそもそもそんなに生じませんから、硬性憲法で問題ありません。

まず重要なのは、国民の憲法に対する関心と理解を広めることだと思うのです。しかし、それを助けるような教育が日本でなされているかは疑問符がつきます。

何ら疑いを抱くことなく私たちは日本国憲法の「三大原則」を覚えさせられ、絶対的な価値観だと教えられるでしょう。すなわち、「国民主権」「基本的人権の尊重」「平和主義」の3つです。

「そもそも、そんな三大原則を誰が決めたんだろう?」という疑問を持ったことはないでしょうか。何しろ、日本国憲法の条文に「これが三大原則です」と書いてあるわけではありませんし、これらの内容は各条文にバラバラに入っています。

「そんなに大事なら、最初に書いておけよ!」と思ったことがあります。例えば、レストランのオーナーだとして、三大看板メニューをどこに掲げるでしょうか。4番目と16番目と87番目などと、バラバラでわかりにくくは置かないはずです。

さらに、大原則というのなら、「1章まるまる使っている〝天皇〟がなぜ入っていないの?」などの疑問が出てくるわけですが、日本国憲法の価値観を絶対的なものと教育されてしまうと、実際の不備が出たときの改正の議論が中々活発にならないように思います。

結局、最後は国民投票に付されるわけですから、イデオロギー対決ではなく、感情論でもない、「憲法への理解」が必要になります。国民に広く合意がない憲法改正をしたところで、運用していくのは難しいでしょう。

第2章◆大日本帝国憲法について

「大日本帝国憲法」は
そんなに悪いものなの？

“怖そう”というイメージではなく、
きちんと内容を理解した上で
「良い」「悪い」を判断しよう！

「憲法」の話 其の9

【大日本帝国憲法とは？】

日本国憲法を褒め称えるための「道具」と化した大日本帝国憲法

「大日本帝国憲法」と聞くと、あなたはどんなイメージを持つでしょうか。なんとなく悪いものというイメージがあるのではないでしょうか。逆に、「日本国憲法」は良いものというイメージを持っているのではないでしょうか。

これこそ、まさに「ＧＨＱの罠」で、「亡霊に取り憑《つ》かれている」と言っていいでしょう。

現在も、教育現場、マスコミなどで、対比としてこの日本のふたつの憲法典が使用されることがあります。「日本国憲法は○○なのに、明治憲法は○○で～」のように、言葉や表現を変えて、日本国憲法を褒め称えるために大日本帝国憲法が使われています。

このように、日本国憲法を持ち上げて使いたがる人たちは、大日本帝国憲法の正式な略語である「帝国憲法」とすら言わず、通称である「明治憲法」を使う傾向にあります。

しかし、本書では明治憲法という通称は使わず、〝帝国憲法〟を使います。

「ミラクル・ピース」を享受していた江戸時代の日本――。

開国を迫られ不平等条約を締結し、いつ列強に飲み込まれるかわからない状況から国を整備して独立を守りました。それは多くの先人の汗と血、屍《しかばね》の上に成り立ったものなのです。

そうした我が国の歴史の中でも、帝国憲法は特に光る存在なのですが、頭ごなしに否定されるばかりで、目を向ける人が少ないのが現状です。

批判されている帝国憲法の条文を見たことがあるでしょうか。「どのような経緯を経て生まれたのか」を知っているでしょうか。

なんとなく、「明治憲法は悪いもので、日本国憲法は良いもの」との感覚があるかと思いますが、この章ではもう一度帝国憲法に光を当ててみようと思います。そうしなければ、苦労して帝国憲法を作り上げた先人たちに申し訳が立ちません。

【不平等条約と明治維新】

幕末から明治へ――「不平等条約」という大きな課題

「憲法」の話
其の *10*

やはり帝国憲法、ひいては近代日本を語る上では、「不平等条約」の存在が大きなテーマとしてピックアップされます。

江戸時代、平和を享受していた日本。しかしその一方、緊迫する世界情勢の中で、イギリスやロシアの船が日本近海に出没することが増えてきました。日本人が危機感を抱いている中、嘉永《かえい》6年（1853）にマシュー・ペリーが来航し、その翌年に「日米和親条約」が締結されます。

これによって、日本は泣く泣く鎖国を解いて開国します。日本のみで平和に暮らしていければ良かったのでしょうが、世界情勢がそれを許してくれませんでした。「飲むか、飲まれるか……」、そういう時代に突入していたのです。

日米和親条約の中で定められたのは、「開港」だけではありません。相手国に対する一方的な「最恵国待遇《さいけいこくたいぐう》」を与えることが決められました。最恵国待遇というのは、例えばアメリカ以外の国と結んだ条約が、アメリカと結んだ条件よりも良かった場合、アメリカにも同様の条件を適用するというものです。その後、安政5年（1858）に、「日米修好通商条約」が結ばれます。こちらも不平等条約でした。

不平等条約で覚えておくべきは「関税自主権」と「治外法権（領事裁判権）」です。関税自主権とは、関税を自国が自主的に決める権利のことです。日米修好通商条約では、日本側にはこの権利がなく、日米で談合して決めるようになっていました。

領事裁判権とは、例えばアメリカ人が日本国内で何かをやらかした場合、その裁判は日本のものではなく、本国アメリカの法に基づいて本国の領事が行うというものです。一方で、日本にはその権利はありませんでした。

なぜこんなものがあるのか。それは近代的な法を整備してきた欧米諸国が、自国民を保護しようとして設けたものなのです。文化や宗教の違いから、取引の際に莫大な関税を取られるような不利益を被《こうむ》ったり、軽い罪を犯しただけで「はい、死刑‼」とならないように、ということです。ただ、結果的にこれを一方的に押し付けられると、日本が不利益を被ることになります。

不平等条約によって、日本の司法権は制限されますし、関税自主権がないので財政上も不利益を被ることになります。

同年に、日本はこうした条約を、オランダ、イギリス、フランス、ロシアとも締結していきます。いわゆる「安政五カ国条約」です。このときは200年以上も平和を享受していた江戸時代ですから、やはり近代的な法制度や条約について疎《うと》かった部分があり、その無知な部分に、戦争ばかりやってハード面もソフト面も鍛えられていた列強各国がつけ込んできたのです。

ですから日本は法制度をしっかりと整備して、「不平等条約の存在そのものが不要である」という状況に持っていく必要があったのです。

日本は不平等条約を抱えた、半独立国から、独立国への脱皮が求められました。このままダラダラやっていると、そのまま大国に飲み込まれてしまいます。統一国家として力も蓄えなければいけませんし、法の面でも整備をする必要がありました。

このように、日本で「憲法典の確立」と「立憲政治」が求められたのは、「ヨーロッパ的な、専制君主の抑圧から逃れるため」というわけではありません。「不平等条約を改正するために法体系を整備し、混沌極まる国際社会の中で、日本が生き残るため」という面があります。

いつ飲み込まれるかわからない状況の中で、当時の日本人は命をかけて「明治維新」を成し遂げていきます。

【五箇条の御誓文の理念】

近代日本は「五箇条の御誓文」から始まった！

「憲法」の話 其の11

開国し、近代的な統一国家建設に邁進《まいしん》する日本。もはや国家統一の存在として、幕府は役目を果たせない状態になっていました。対外的な脅威を前に、国家統一の中心となる存在は、歴史的に見ても、やはり天皇に他ならないだろうという考えが世間に広がっていきます。

「大政奉還《たいせいほうかん》」が行われ、徳川幕府は270余年の歴史に幕を閉じ、「王政復古」が宣言されて、フランスやイギリス、プロイセン、アメリカなどの公使にも伝えられました。体制を転換するのは、とても大変なものです。混乱が伴います。

そんな中、慶応4年（1868）3月14日、明治天皇が天地神明に誓うカタチで「五《ご》箇条《かじょう》の御誓文《ごせいもん》」を示されました。一体どういうものか、見てみましょう。

【五箇条の御誓文】

一、広く会議を興《おこ》し、万機公論《ばんきこうろん》に決すべし

一、上下心を一にして、盛《さかん》に経綸《けいりん》を行ふべし

一、官武一途庶民に至る迄で、各其の志を遂げ、人心をして倦《う》まざらしめん事を要す

一、旧来の陋習《ろうしゅう》を破り、天地の公道に基くべし

一、知識を世界に求め、大に皇基を振起すべし

我国未曾有《みぞう》の変革を為んとし、朕躬《ちんみずから》を以て衆に先んじ、天地神明に誓ひ、大いに斯国是を定め、万民保全の道を立んとす。衆亦此趣旨に基き協心努力せよ。

わかりやすい現代口語文は以下のようになります。

一、広く人材を求めて会議を開き議論を行い、大切なことはすべて公正な意見によって決めましょう

一、身分の上下を問わず、心を一つにして積極的に国を治め整えましょう

一、文官や武官はいうまでもなく一般の国民も、それぞれ自分の職責を果たし、各自

の志すところを達成できるように、人々に希望を失わせないことが肝要です
一、これまでの悪い習慣をすてて、何ごとも普遍的な道理に基づいて行いましょう
一、知識を世界に求めて天皇を中心とするうるわしい国柄や伝統を大切にして、大いに国を発展させましょう
これより、わが国は未だかつてない大変な変革を行おうとするにあたり、私はみずから天地の神々や祖先に誓い、重大な決意のもとに国政に関するこの基本方針を定め、国民の生活を安定させる大道を確立しようとしているところです。皆さんもこの趣旨に基づいて心を合わせて努力してください。

（出典：明治神宮）

「教育勅語」もそうなのですが、「お前らやれ！」という一方的な命令ではなく、「私もやりますから、皆さんも一緒に頑張りましょう」というものです。なんというか、日本の天皇をヨーロッパ的な専制君主と想像してしまう人もいるようですが、そうではないのです。

この御誓文は明治日本の大方針であり、内外に示す意味がありました。しかし、最初

は混乱に次ぐ混乱です。「万機公論に決すべし」といっても、目下の危機に対処するために、大久保利通《おおくぼとしみち》や岩倉具視《いわくらともみ》らが強権を発動して対処することもありました。「廃藩置県《はいはんちけん》」や「版籍奉還《はんせきほうかん》」など急激な近代化を推し進める上で、なかなかすべてを「万機公論」に決すのは難しい状況でした。しかし、大原則は五箇条の御誓文です。その後も、御誓文の理念は度々引用されることになります。

「憲法」の話 其の12

【立憲政体の詔書】

明治日本「立憲政体」を目指す

明治8年(1875)4月14日、明治天皇の詔勅《しょうちょく》として「立憲政体樹立の詔書」が発せられます。

朕、即位の初首として群臣を会し、五事を以て神明に誓ひ、国是を定め、万民保全の道を求む。幸に祖宗の霊と群臣の力とに頼り、以て今日の小康を得たり。顧に中興日浅く、内治の事当に振作更張すべき者少しとせず。朕、今誓文の意を拡充し、茲に元老院を設け以て立法の源を広め、大審院を置き以て審判の権を鞏くし、又地方官を召集し以て民情を通し公益を図り、漸次に国家立憲の政体を立て、汝衆庶と倶に其慶に頼んと欲す。汝衆庶或は旧に泥み故に慣るること莫く、又或は進むに軽く為すに急なること莫く、其れ能朕が旨を体して翼賛する所あれ。

とても読みにくいですが、要は、五箇条の御誓文の精神を拡充して、「元老院」を設けて立法の源を広め、「大審院」で司法を強化し、「地方官会議」を置いて民情を通して公益を図りつつ、立憲政体を漸次《ぜんじ》（徐々に）樹立していく旨が確認されたということです。立法、司法と権力を分立させるという構想が見て取れます。

立憲政体樹立の詔書が発せられた背景には、当時の政局が絡んでいます。明治6年（1873）に、いわゆる「征韓論論争」が起きて西郷隆盛《さいごうたかもり》や板垣退助《いたがきたいすけ》、後藤象二郎《ごとうしょうじろう》らが下野《げや》しました（「明治六年政変」）。大久保利通の独裁色が出てきて、木戸孝允《きどたかよし》とも衝突し、木戸は国へ帰ってしまいます。当然、大久保は孤立感を深めています。

そこで大久保は状況を打開するため、まず「木戸孝允を政府に戻したい」と考えました。伊藤博文《いとうひろぶみ》と井上馨《いのうえかおる》がその意を受けて動き、木戸とともに板垣も戻そうということになります。

下野していた板垣は、五箇条の御誓文にある「万機公論に決すべし」を根拠に、議会による国家運営を主張するため、明治7年（1874）に「愛国公党」を立ちあげます。そして、「民撰議院設立の建白書」を政府に提出しますが却下されます。

藩閥というのは、薩摩、長州、土佐、肥前《ひぜん》（中でも薩摩、長州が力を持った）などの藩出身の政治家で形成された派閥のことです。板垣はその藩閥の有力者が政治の実権を握っていることを批判しました。

そんな板垣と大久保、木戸は明治8年2月11日、大阪で会談を行い（「大阪会議」）、参議に復帰することになりました。このとき板垣は、速やかに議会政治を導入することを大久保に約束させ、木戸は「立憲政体樹立」を漸次的に実現させることを条件としました。

こうした事情が立憲政体樹立の詔書に繋がっていくのですが、この詔書は大久保が明治6年に書いた「立憲政体に関する意見書」が基礎になっています。独裁的な側面を持っていた大久保ですが、岩倉使節団で欧米を歴訪して国力の違いを感じ、いかに早く産業を興し、国を富ませつつ軍隊を整備していくかということを考えていました。それに付随して、憲法を制定し、議会を作ることにも目を向けていたのです。

ちなみに、板垣は参議に戻ったと思ったら、またすぐに下野して、「自由民権運動」に邁進していきます。自由民権運動というと、なんとなく良いものだというイメージがあるかと思います。「憲法を作れ」「議会を開設しろ」「地租（税）を軽減しろ」など、良い主張をしているように見えるのですが、物事には順序があります。

板垣はあまりに急進的で、過激な言論を行っていました。憲法にしても、国会開設にしても、「漸次的にやっていこう」という政府と目的は一緒のはずですが、やり方が合いませんでした。さらに、「対外強硬」の面もありました。

【憲法制定議論】

「自由民権運動」の高まりと「大隈重信の意見書」による波乱

「憲法」の話 其の13

明治9年（1876）、明治天皇は「元老院《げんろういん》議長有栖《ありす》川《がわ》宮《のみや》熾仁《たるひと》親王《しんのう》へ国憲起草を命ずるの勅語」を発します。つまり、「各国の憲法を研究して、憲法を起草せよ」ということです。

これを受けて、元老院で検討に入るわけですが、各国の憲法を持ち寄るだけで、その背景にある思想を十分に研究していなかったので、3年ほどかけて完成した憲法案は全体としてばらつきがあり、日本の歴史に根ざしたものとは言えないようなものでした。

この憲法案は、第一条に「万世一系ノ皇統ハ日本国ニ君臨ス」とあるように、後の帝国憲法に繋がる部分もありましたが、第三条には「若シ止ムコトヲ得ザルトキハ女統入テ嗣グコトヲ得」とあるように、日本では例のない「女統（女系天皇）」を認めていました。オランダ憲法を流用したのだろうと言われていますが、日本の皇室は例外なく「男系」で継承されてきました。女性天皇は歴史上10代8人存在しましたが、すべて男系でした。男系というのは、父方を辿《たど》ると天皇に行き着くというものです。女系というのは母方でしか天皇を辿れないということです。

現代の話で言えば、悠仁《ひさひと》親王殿下は父親が秋篠宮文仁《あきしののみやふみひと》親王殿下です。その父親は今上陛下になります。この場合、父親の系譜を辿っていけば初代の神武天皇に辿り着くため「男系男子」ということになります。愛子内親王殿下は父親が皇太子殿下ですから、「男系女子」ということです。将来もし愛子内親王殿下が一般人と結婚されて子供が生まれたらどうでしょうか。相手は一般人ですから、父親を辿っても皇統（神武天皇の血統）に辿り着きません。この場合、生まれてきた子供は愛子内親王殿下しか辿れませんから、「女系」ということになります。

現代でも「女性宮家《みやけ》を創設せよ」とか「女系も認めよ」という論もありますが、歴史上ないことなのです。そうした伝統にも反していたことから、結局、伊藤博文や岩倉具視の反対にあい、採択されることはありませんでした。

自由民権運動の高まりで、憲法制定議論も盛り上がります。民間からも様々な「私擬憲法」が作られました。そして、憲法が議論される中、参議大隈重信《おおくましげのぶ》の出した「意見書」

が波紋を広げます。

明治11年（1878）に大久保利通が暗殺され、政府内では「いつ立憲政体に移行していくか」という議論が活発になっていました。政府の主な人物としては、消極派の岩倉具視に、漸進的な伊藤博文、井上馨、急進的な大隈重信というものでした。伊藤と井上はなんとか岩倉を説得し、西洋型の立憲政治を実現させるほうへ道筋をつけていきました。

ところが、明治14年（1881）3月、大隈重信は「翌年末までの憲法公布、2年後の国会開設、イギリス流の議院内閣制を導入せよ」などという意見書を提出します。伊藤と井上からすると、やっと岩倉を説得してこれからというときに、あまりに急進的な意見で「何を考えているんだ……」と面《めん》食《く》らってしまいます。岩倉は「大隈追放」も考えましたが、伊藤はこの時点ではそれには否定的でした。

そうした状況の中、事件が起きます。「北海道開拓使官有物払下げ事件」です。北海道開拓使長官だった黒田清隆《くろだきよたか》が同郷の五代友厚《ごだいともあつ》に、タダみたいな格安値で官有物の払下げを行うことが明るみになり、自由民権派の政府批判も活発になります。

大隈派の部下たちは公然とこの件について批判を始めますが、これが伊藤の態度を硬化させ「利敵行為だ」と反発を招くことになります。意見書の件もあって、政府内での大隈への不信は高まっていました。

そこに来て、民権派と連動して政府批判を始めたので、「陰謀ではないか」との論も流れるようになっていたのです。もはや対処しなければなりません。大隈は結局、政府から追放されることになりました。政府は、大隈はもちろん、政府内の大隈派の官僚、ブレーンを一挙に追放します。これがいわゆる「明治十四年の政変」です。

官有物払下げも中止され、さらに、国会開設の要求が高まりを見せていたことから、国会開設の約束をすることによって激昂《げっこう》する世論を抑えようという方針がとられました。

【伊藤博文の憲法調査】

憲法を調査・研究するために各国を飛び回った伊藤博文

「憲法」の話 其の14

明治14年10月12日、「国会開設の勅諭」が発せられます。

これによると、明治23年（1890）を期して、議員を召して国会を開設すること、そして欽定《きんてい》憲法を制定することも併せて決められました。

天皇の勅諭が出たので、あとはやるだけです。国会開設を睨《にら》んで、政党もポロポロと結成されていきます。板垣退助は「自由党」を結成し、民権運動の連中が集まってきます。「明治十四年の政変」で追放された大隈重信は「立憲改進党」を結成します。ここには、福沢諭吉《ふくざわゆきち》の慶應義塾で学んだ優秀な若者が多く、人材を確保することができました。

両方とも反政府活動は展開していましたが、基本姿勢として「尊皇《そんのう》」があり、「天皇を打倒しよう」などという勢力ではありませんでした。

明治15年（1882）、明治政府は勅命《ちょくめい》を発して伊藤博文を欧州に派遣します。そう、各国の憲法を調査するためです。

各国を訪問するにあたって、伊藤には多くの調査項目が授けられました。その項目は、「憲法の成り立ちや沿革」「各国の現状」「皇室（海外は王室）の財産や特権」、他にも「内閣制度」「議会制度」「地方制度」など運用面も含めて31項目に及びます。「ただ条文だけ学んでくる」というわけではなかったのです。

随行員を伴った伊藤は3月14日に横浜を出港し、2ヵ月後にナポリを経てベルリンに到着しました。伊藤はここで合計5ヵ月間、ウィーンで3ヵ月間の調査を行いました。

伊藤にとって大きな収穫だったのは、ウィーンでの3ヵ月でした。

まず、ベルリンではルドルフ・フォン・グナイストという大家からドイツ国家学を学ぶ予定でしたが、断片的な話は聞けるものの、体系的な話は断られ、弟子のモッセに委ねられました。

グナイストは言います。「憲法とはその国の歴史沿革を踏まえて作らなければダメで、歴史を無視して条文の字面《じづら》だけでは憲法の本質はわからない」と――、歴史・伝統・文化に根ざすことの重要性を説きました。

一方で、グナイストは国会を設立しても、「兵権」や「会計権」などは関与させてはいけないと説きます。これに対して、伊藤は「頗《すこぶ》る専制論」な印象として残ったと言っています。

これは当時の特殊事情があったようで、議会に「予算承認の権限」を与えざるを得なかった結果、「軍事予算」が通らなかったのです。そこで鉄血宰相でおなじみのビスマルクは5年にわたって議会を無視しました。議会を無視することによって強引に軍事大国を作り上げて「普仏戦争」を戦ってフランスを破り、ドイツ帝国の基礎を築きました。

しかし、そんな状態では一体何のために憲法を作るのかがわからなくなります。伊藤にとって、このプロイセンでの調査期間はモヤモヤしたものが残ったようです。

伊藤が憲法の調査に対して自信を持つようになるのは、ウィーンに行ってからでした。そこでローレンツ・フォン・シュタインという学者から教えを受けます。シュタインは英語が喋れましたから、同じく英語が喋れる伊藤も胸をなでおろします。

シュタインも「日本人は日本の歴史に根ざした憲法を作れ！」という趣旨の話を力説します。「海外の憲法の猿真似ではなく、自国の歴史を徹底的に研究する。そのことによって、自らの国体を改めて発見する。これが憲法の本質である」と、伊藤は確信します。

シュタインからの2ヵ月にわたる講義は、伊藤に多くの影響を与えました。シュタインはその後も日本政府の求めに応じて国政に対する意見書を提出するなど、好意的な関係を続けました。

伊藤はその後、ドイツ、オランダ、ベルギーを経てイギリスまで行き、各国の憲法や関係資料を収集して、明治16年（1883）8月に自信を持って帰国の途《と》につきました。

「憲法」の話
其の*15*

【国会開設の準備】

現在の「参議院」よりはマシ？ けっこう合理的な「華族制度」

伊藤博文は帰国すると、「憲法の起草」と「国会開設の準備」に取りかかります。まず国会開設準備のために、新しい「華族制度」を創設する必要がありました。国会の方針として、「元老院（のちの貴族院）」と「民撰議院」からなる二院制が想定されています。民撰議員は選挙で選ばれ、元老院は特撰議員、華士族中の公選議員で組織するため、華族制度をしっかりと作り上げる必要があるのです。

明治2年（1869）の「版籍奉還」と同時に、公家《くげ》や大名などを「華族」としていました。しかし、これでは元老院を作り上げるには足りないですし、適切な人物かどうか疑わしい部分もありました。そんな顛末《てんまつ》で、明治維新に大きな役割を果たした人たちも華族として加え、明治17年（1884）に「華族令」を公布しました。これによって、公爵・侯爵・伯爵・子爵・男爵の五爵に分かれました。それぞれ家柄などによって呼び方も変わります。

新しい華族制度を作るにあたっては反対意見もありました。反論としては「イギリスの真似をして華族を増やす必要はない。数が足りなければ、勅選議員の制度を整えればそれで足りる」というものです。しかし、伊藤は「貴族院設立のためには新しい華族制度が絶対に必要だ」と考え、制定にこぎつけたというわけです。

今の日本だと「衆議院」と「参議院」の二院制になっていますが、両院とも選挙によって選ばれます。参議院は解散がなく、任期も6年と長いことから腰を据えて政治活動ができるように見えます。

しかし、6年経てば選挙になりますから、結局は「選挙」という文字を頭のどこかに入れながら活動することになるでしょう。すると、どっしりと構えて政治をするつもりだったのが、「票になびいて、正論が言えない」ということにもなりかねません。

その点、貴族院方式だと選挙もなく（満25歳に達した伯爵・子爵・男爵のうちから同爵の者の互選で選ばれる選挙はあった）、終身任期が多かったので、選挙にかかわらずにどっしりと政治を行うことができます。「身分によるものだから不公平だ」と見てしまうかもしれませんが、これはこれでなかなか合理的な面もあるのです。

【井上馨の極端な欧化政策】

明治の時代にもあった、「西洋かぶれ」と「日本回帰」

「憲法」の話 其の16

ここまで見ていただいてわかるように、不平等条約が締結されて以来、かなりの年月が流れています。当然、「早く不平等条約を改正したい」という思いが日本側にはありました。しかし、その都度相手国からは「いやいや日本には近代的な法が整備されていないんだから、外国人への裁判権なんて認められんぞ」などと拒否されてきました。

憲法を制定するまでにはまだ時間がかかります。しかし、条約はなんとかしたいという思いから、いろいろな試みを行います。

そのひとつに、伊藤博文や伊藤の親友である井上馨が推進した極端な「欧化政策」があります。欧化政策をとることによって、「俺たちは文明国だ」ということをアピールしたかったのです。現代的な感覚からすると、「なんとも浅はかかな」と思ってしまうかもしれません。井上はかなりの西洋かぶれでした。「日本を欧州的帝国に、日本人を欧州的人民に」とまで言うほどです。

明治16年（1883）、外務卿井上馨（のちに外務大臣）は「鹿鳴館《ろくめいかん》」の建設を推進し、ここで毎晩のように西洋的な舞踏会を開催しました。そして、西洋の外交官等を招待してご機嫌取りをしたのです。当時、政府の緊縮財政によって国民は困窮していました。当然、毎晩のように舞踏会をやって大騒ぎしている様子が知れ渡ると、大きな反発を生むことになります。

こうしたことをやりながら条約改正交渉が地道に行われていたのですが、不平等条約を解消するはずが余計に状況が悪くなるような案になりかけていました。例えば、「日本が法を作るときはあらかじめ見せろ」とか、「外国人が被告の裁判のときには、半分以上の判事を外国人にしろ」とか、余計に悪くなって独立国とは言えない状態になるじゃないか……、という感じです。

日本政府から信頼されていた法律顧問のフランス人、ボアソナードは「こんな条約改正はしてはいけない」と警告します。のちにこうした条約改正交渉の様子が暴露されてしまい、欧化政策と合わせて国民世論は激昂します。

あまりにも反対論が強かったので、さすがの井上も辞任を余儀なくされました。明治

20年（1887）9月のことです。そして、法典を整備するまで条約改正会議を無期限延期することが決まりました。

このようにして、鹿鳴館外交をはじめとする極端な欧化政策は破綻《はたん》するわけですが、この一連の欧化政策は国民の中に、日本人としての民族意識を呼び起こしました。「西洋かぶれはやめろ！　ふざけるな！」「国風を守れ！　日本の誇りはどうした！」と、「日本回帰」の流れができてきました。

「憲法」の話 其の17

【日本独自の憲法作り】

日本の歴史を徹底研究した、大日本帝国憲法の生みの親・井上毅

憲法起草も具体的な行動が現れてきました。

伊藤博文は、伊東巳代治《いとうみよじ》、金子堅太郎《かねこけんたろう》、井上毅《いのうえこわし》の三人を助手にして、実際に憲法起草にとりかかるわけですが、ここで伊藤が学んできたことが重視されます。

大日本帝国憲法の起草にあたって、非常に大きな役割を果たしたのが井上毅です。井上は、帝国憲法はもとより、「皇室典範《こうしつてんぱん》」、さらに「軍人勅諭」や「教育勅語」の起草にも関わっています。

日本独自の憲法を起草するにあたって、井上は日本の歴史を徹底的に学びました。明治19年から明治20年にかけて、小中村清矩《こなかむらきよのり》や落合直文《おちあいなおぶみ》といった一流の国学者などと親交を深め、歴史的な重要な書物を研究します。

井上は、『古事記』『日本書紀』の記紀《きき》はもちろんのこと、『万葉集』や『六国史《りっこくし》』『大

日本史』『古事記伝』など、他にも代表的な古典を大量に読み込みます。外国の真似ではなく、歴史に根ざした「日本の憲法」を作るために絶対に必要な研究でした。あまりに熱心に研究するものですから、無理がたたって病気がちになるのですが、それでも研究を続けます。

井上はどこへ行くにも書類を手放さず、思いついたことはすぐに書き留めていたそうです。鎌倉に行ったときでも「大宝律令にはどんなことが書いてあっただろうか」と思い立つと、「今すぐ確かめたい！」と雪の降りしきる中、すぐに東京に帰るという有様でした。そこまでして研究に研究を重ねて、大日本国帝国憲法は作り上げられていくのです。

古典の研究の中で、井上は『古事記』に出てくる「治ス（しらす）」（※「知る」の敬語）という表記に注目しました。そして、伊藤博文に提出した案の第一条に、「天皇の統治理念」について〝しらす〟の表現を使ったのです。

日本帝国ハ万世一系ノ天皇ノ治ス所ナリ

ヨーロッパ的な君主と民衆が対立する概念ではなく、日本は天皇と国民が共にあり、天皇の存在によって日本が自然とまとまっていくという国柄です。天皇も権力的に振舞うわけではなく、古来より日本人を「大御宝《おおみたから》」と表現されています。

のちに、この「治ス」いう表現は「統治ス」に変更することになります。治スのままだと外国語に翻訳することが困難だったからです。しかし、意味合いとしては「治ス」も「統治ス」も同じである、と伊藤は語っています。

政府の法律顧問だったヘルマン・ロエスレルやモッセとも問答を繰り返ししつつ、起草はじっくりと時間をかけて行われました。井上は明治20年5月に、憲法草案を書き上げます。この草案を元に伊藤博文の別荘がある夏島で伊藤博文、井上毅、伊東巳代治、金子堅太郎らが検討を重ね、「夏島草案」が作られます。これをさらに修正して、明治21年（1888）4月に「成案」としてまとめ上げました。

一方、政治も動いていました。明治18年（1885）には「太政官《だじょうかん》制度」を廃止して、「内閣制度」を作り上げます。伊藤博文が初代の内閣総理大臣になりました。

明治21年には「枢密院《すうみついん》」が創設され、こちらも伊藤が初代の枢密院議長となります。枢密院は、憲法など重要な問題を扱う天皇の諮詢《しじゅん》機関です。

歴史を研究して、討議を繰り返して作り上げられた草案が、ついに枢密院で審議に入ります。明治天皇も会議に出席され、発言はしないものの、経過をじっと見守られました。

審議の中で、文部大臣森有礼《もりありのり》から驚くべき意見が出されました。「臣民権利義務」の部分で、森は「臣民の権利など憲法に書く必要はない！　臣民の分際《ぶんざい》でいいんだ！」と言ってのけたのです。これに対して、伊藤博文は丁寧にこう説明しました。

「抑憲法を創設するの精神は、第一君権を制限し、第二臣民の権利を保護するにあり。故に若し憲法に於て臣民の権利を列記せず、只責任のみを記載せば、憲法を設くるの必要なし……君主権を制限し、又臣民は如何なる義務を有し如何なる権利を有すと憲法に列記して始て憲法の骨子備はるものなり」

このように伊藤は「立憲主義」や「近代憲法の精神」を説明しました。その後も問答を繰り返しながら、明治22年（1889）1月に審議を終えます。

「憲法」の話 其の18

【大日本帝国憲法の発布】

長い年月をかけ、ついに日本独自の近代憲法が完成！

ついに、明治22年2月11日の「紀元節」（今でいう「建国記念の日」）というめでたい日に「大日本憲法発布の詔勅」が天皇から発せられました。同時に、大日本帝国憲法が発布され、国民に知らされることになりました。

憲法発布の式典では、明治天皇が「祖宗に承くるの大権に依り、現在及将来の臣民に対し、此の不磨の大典を宣布す」という発布の勅語があり、大日本国帝国憲法が天皇から時の内閣総理大臣黒田清隆に授与されるカタチになりました。方針としてあった「欽定憲法」という原則が貫かれたのです。

帝国憲法が発布されるやいなや、今まで散々「反政府活動」を行っていた民権派の人々も、納得してしまいます。自由民権家の高田早苗《たかたさなえ》は、「聞きしに優る良憲法」と高く評価しました。国民からすると、もっと専制主義的な憲法ができ上がると思っていたのに、議会のことや臣民の権利などがしっかりと書かれていたので驚いたのです。

驚いたのは日本人だけではありません。のちに金子堅太郎が海外で帝国憲法についての意見を聞いて回るのですが、どこに行っても高評価を得ました。イギリスの著名な憲法学者ダイシーや、伊藤が学んだシュタイン、フランスのルボンなどです。のちの米連邦最高裁判事ホームズは、「この憲法につき、予がもっとも喜ぶ所のものは、日本憲法の根本は、日本古来の歴史、制度、習慣に基づき、而してこれを修飾するに、欧米の憲法学の論理を適用せられたるにあり」と語っています。

ドイツ式、イギリス式という区分の分け方はありますが、それでいて海外の識者も日本独自の憲法であると評価しています。

憲法を実際に運用していくために必要であり、とても重要な「議員法」「貴族院令」「衆議院議員選挙法」「会計法」のような附属法も制定されました。よく「帝国憲法は内閣の規定がないから欠陥だ」という声もありますが、もうすでに「内閣官制」という内閣についての規定が憲法附属法として機能していました。

さらに、「皇室典範」も制定されます。

現在の日本国憲法体制だと、皇室典範はひとつの法律に過ぎないという扱いになっています。しかし、帝国憲法と皇室典範の関係は、現在のそれとは違います。皇室典範は皇室の「家法」であって、議会が干渉するようなものではないとの考えがありました。帝国憲法の第七十四条には次のようにあります。

第七十四条

一　皇室典範ノ改正ハ帝国議会ノ議ヲ経ルヲ要セス

二　皇室典範ヲ以テ此ノ憲法ノ条規ヲ変更スルコトヲ得ス

つまり、皇室典範と帝国憲法はお互いに干渉しないという体制でした。これを「典憲体制」と言います。議会が皇室に干渉してしまうと、皇室のあり方そのものが歪められてしまうという懸念《けねん》があります。

実際、現在では普通の法律になってしまった皇室典範ですが、実際に女系天皇を認めようとか、皇室のあり方そのものを揺るがすような議論もなされています。本来は皇室の「家法」なのに、現行だと議会で物事が進んでしまうのです。

当時はそうしたことにならないように、皇室典範と帝国憲法の典憲体制が敷かれていたのです。この概念は現代も考えるべきテーマではないでしょうか。

のちに見るように、日本国憲法はたった1週間程度でGHQが日本に対する偏見を持って、歴史伝統などを鑑《かんが》みることなく作られたものです。それに比べると帝国憲法は長い年月をかけて作られていることがわかります。

では、否定されがちなその内容についても少し見ていきましょう。

【神聖不可侵の必要性】

「神聖不可侵」の意味を勘違いしてはいないか？

「憲法」の話 其の19

帝国憲法は「天皇陛下がご先祖様に誓う」というカタチでスタートしています。

大日本帝国憲法の「前文」にあたる「御告文」（※本書の「巻末付録」参照）は次のような書き出しです。

皇朕レ謹ミ畏ミ

皇祖皇宗ノ神霊ニ誥ケ白サク皇朕レ天壌無窮ノ宏謨ニ循ヒ惟神ノ宝祚ヲ承継シ旧図ヲ保持シテ敢テ失墜スルコト無シ顧ミルニ世局ノ進運ニ膺リ人文ノ発達ニ随ヒ宜ク……

さらに続いていくわけですが、完全に祝詞《のりと》です。ざっくり内容を言うと、「ご先祖様から引き継いできた日本。世の中の文化が発達したので、皇室典範と憲法を制定することにし、子孫の従うよりどころにします。これらはご先祖様の時代から脈々と続く統治の規範を記したものです。まずは率先して私が実行して誤らないようにします。ご先祖様、そして神々よ、どうか見守っていてください」との誓いです。

日本の古典を研究し、天皇こそ日本国の本来の持ち主であるということを御告文の部分から確認しています。これは条文にも表れています。

第一条　大日本帝国ハ万世一系ノ天皇之ヲ統治ス

第二条　皇位ハ皇室典範ノ定ムル所ニ依リ皇男子孫之ヲ継承ス

第三条　天皇ハ神聖ニシテ侵スヘカラス

第四条　天皇ハ国ノ元首ニシテ統治権ヲ総攬《そうらん》シ此ノ憲法ノ条規ニ依リ之ヲ行フ

皆さんはこれらの条文を見てどう思うでしょうか。現代の教育を受けて、帝国憲法はなんかわからないけど悪いものだと思っていると、「恐ろしい」と感じるかもしれません。まず、第一条と第二条で言っているのは、「日本の統治権は万世一系の天皇が有していること」、そして「その皇位は男系の男子が継ぐこと」です。じゃあ、「統治権を天皇が持っているからといって、天皇が好き放題にやっていいのか？」といえば、まったくそんなことはないのです。

第三条の「神聖不可侵」というのは、まさに現代的な感覚で引っかかる部分だと思います。しかし、この神聖不可侵というのは、「天皇に政治的な責任を負わせない」という意味なのです。ここで、憲法学者佐々木惣一《ささきそういち》博士の発言を見てみましょう。

特別の方法を以て君主の責任を糺《ただ》すが如きことは、到底君主主義と相容れざるものであるから、一般に君主国に於ては、必ず、法上君主を無責任のものとせねばならぬ。而して、君主を無責任とするの必要は、其の君主国が立憲君主国たるとき、益大と為るのである。何故かと云うに、立憲君主国では、既に述べた如く、君主が国務を行うは、決して独断ですることなく、必ず国務大臣の輔弼《ほひつ》に依ってするからである。諸国の憲法に、君主の神聖にして侵すべからざることを規定するは即ち、君臣の無責任を定むるものに外ならない。

既に君主にして無責任なりとせば、他に責任の帰着する所がなければならぬ。それは即ち国務大臣である。尤も国務大臣は、決して君主の責任を、之に代理して負うのではない。君主を輔弼したと云う自己の責任を負うのである。諸国の憲法が、大臣の責任を規定するは、即ち此の意味に外ならぬ。一般の君主国に於ても、君主の無責任を維持しつつ、而も責任の帰着を明かにせんとするには、大臣の責任を糺すの外はないのであるが、然しながら、専制君主制度の下に在ては、君主は大臣の輔弼に依らずして国務を行い得るのであるから、大臣の輔弼しない国務を、大臣の責任に帰するは不当である。それ故に専制君主制度の下に在ては、大臣責任の制度が確立し得なかった。然るに、立憲君主制度の下に於ては、大臣は、君主の国務上の行為に付て、必ず輔弼するものであるから、之を大臣の責任に帰せしむるを至当とする。然れば、大臣責任の制度は、実に立憲君主制度の特色であって、之あるが為に、君主の無責任を認めつつも、而も猶責任の帰着を明にし得るのである。

（佐々木惣一『立憲非立憲』）

政治には責任が伴います。ですから天皇があれこれと権力を自ら独断で行使すると、そのたびに責任問題になるでしょう。政治に関わることによって一種の汚れが生じるのです。何をするにしても国務大臣が補弼するわけですから、権力の行使にあたっては臣下が責任を持ち、天皇は儀礼を行うというわけです。

天皇を独裁者のような存在だと勘違いしてはいけません。神聖不可侵というのは政治的責任を君主に帰さないようにするために必要な条文なのです。

第三条はベルギー憲法63条の「国王の身体は不可侵である」が母体になっています。イギリスの憲法の大原則である「国王は統治すれども支配せず」を明文化したもので、天皇が支配権を行使することは戒められています。

第四条は「統治権の総攬」を明記していますが、それでいて「此ノ憲法ノ条規ニ依リ之ヲ行フ」と御告文にもあったように、天皇自らが憲法を遵守する旨が書いてあります。天皇は普段、自ら権力を行使することはないのです。

しかし普段はそうでも、最後の最後には天皇が登場します。例えば「二・二六事件」や「終戦の御聖断」などです。首相が殺されて閣議も開けないとか、国が滅ぶ寸前の最後の判断になると、もはや最後の最後に天皇が登板するしかないのです。

帝国憲法下では、もし何らかの事件等で議会が開けなくなった場合、内閣と枢密院が一体になって大日本帝国憲法第八条に基づき、緊急時の法律に代わるものとして「緊急勅令」を天皇が発布しました。枢密院が開けなければ内閣が、内閣が開けなければ二・

二六事件や終戦の御聖断のように天皇陛下が国を守りました。

今の日本国憲法ではどうかというと、そもそも「緊急事態」というものが想定されていません。ですから緊急事態条項を導入しようというのも、憲法改正における議論でひとつの大きな争点になっています。

現状だと日本国憲法54条にあるように、国会が閉会中でも緊急の必要があるときは、内閣が参議院の緊急集会を求めることができます。しかし、それしかないのです。「今もし二・二六事件のようなものが起こったら……」、こう考えると恐ろしくなります。そこまでの危機を想定して緊急事態条項の議論もしていきたいものです。起こってからでは遅いのです。

【統帥権の独立】

恐ろしいとされている「統帥権」問題を考える

「憲法」の話 其の20

よく帝国憲法の問題点として、「統帥権《とうすいけん》の独立」というのが挙げられます。

第十一条　天皇ハ陸海軍ヲ統帥ス

ご覧いただいてわかるように、条文に「統帥権の独立」と書いているわけではありません。統帥権というのは、天皇大権のひとつで、日本における軍隊を指揮する最高権限のことです。

「帝国憲法は統帥権の問題を招いた欠陥憲法だったんだ」という主張があります。しかし、憲法は今も昔もこれからも〝運用〟が大事です。基本的には天皇大権といえども、国務大臣の副署がなければ無効です。そのように運用されていました。当然統帥権についても大臣の副署を必要としました。

帝国憲法が制定された時点では、まだ「日清戦争」も「日露戦争」も発生していません。この状態で統帥権云々に関して詳細に定めるのは難しかったという事情もあります。

さらに、議会が開設されたのはいいのですが、多数派を占めていたのは板垣退助や大隈重信らの自由民権派たちでした。彼らは「税金は安くしろ」と言いますし、それでいて対外的に「強硬路線」をとっていたので、危なっかしくて仕方がありません。

こういう政治家に軍の最高指揮権があると、政争の具に使われ国が滅びかねません。だからこそ、伊藤博文ら明治の元勲《げんくん》たちは「板垣や大隈らに、統帥権を握らせてはいけない」と考えていました。

当時は、政治家が軍事を陸海軍という専門家に任せる代わりに、軍人のほうは政治に介入しませんでした。これは、帝国憲法制定以前からの慣習でした。

日清戦争では、敵の首都北京まで攻めこもうとする第一軍総司令官山縣有朋《やまがたありとも》がいました。しかし、戦争終結のためには首都攻略を行う前に和平を結ばねばなりません（首都まで攻めると、敵国の交渉相手がいなくなる）。その思いを首相の伊藤博文は山縣に伝え、従ってもらいました。

日露戦争にも勝った日本ですが、ロシアの関心もアジアからヨーロッパに移り、日本の立場が多少安定してくると、伊藤と山縣の対立は顕著になってきます。

伊藤は日露戦争後に、統帥権の独立に制限を加えて、国務大臣の統制下に置こうと考えます。しかし山縣は「軍令ノ件」を出して、統帥事項に関しては陸海軍大臣の帷幄《いあく》上奏《じょうそう》によって、総理大臣や国務大臣を通さずに処理できることにしてしまったのです。伊藤は当然憲法違反だとして反発します。

結局このときは伊藤が折れて認めることになるのですが、ここでは単純な「軍隊の暴走」というより、「民権派のように頓珍漢な強硬政治家の存在も、統帥権の問題に大きく絡んでいる」というのを覚えておきましょう。

それでも明治時代は元勲たちが政治・軍事をなんとかコントロールしていたので、致命的な問題にまでは発展しませんでした。問題は、その後の時代です。

「軍縮会議」では統帥権が拡大解釈され、反対派からは「海軍軍令部の意に反して軍縮条約を結んだのは統帥権の干犯だ！」とか、どんどん解釈が拡大して泥沼にはまっていきます。政党政治は衰退し、軍は突っ走っていく……。

じゃあ、単純に「シビリアン・コントロール」にしたらいいのかといえば、完全にそうとも言えません。運用をしっかりしなければ、立派な憲法があっても国はおかしな方向に行ってしまいます。実際、明治の頃は問題をはらみつつも、これでうまいことやっていました。この教訓について、現代もしっかり考えなければなりません。

【大日本帝国憲法の意義】

アジア初の近代憲法＝大日本帝国憲法の重要性

「憲法」の話 其の21

大日本帝国憲法の意義は多岐にわたります。短期間で停止された「オスマン帝国憲法」を除けば、アジアで初の近代的な憲法です。

歴史を見直し、様々な発見を元に作られたわけですが、「数字」にまつわるエピソードがあります。おなじみの「十七条憲法」を筆頭に、〝17〟という数字は常に意識されていた数字でした。鎌倉時代の「御成敗式目《ごせいばいしきもく》」は51条で17の倍数。室町時代の「建武式目《けんむしきもく》」は17条。江戸時代の「禁中《きんちゅう》並《ならびに》公家《くげ》諸法度《しょはっと》」も17条。このように17という数字が意識されていました。帝国憲法もそれを意識してか、第一章「天皇」では条文が17条になっています（ちなみに、本書も「見出し」を〝17〟の倍数である〝51〟にしてみました）。

国体を基にした政治体制の確立、不平等条約改正のための法整備・外交政策……国家的な大事業でした。日本国憲法へ改正されるまで、帝国憲法も一度も改正されることがありませんでした。帝国憲法は簡文だったため、法律など運用が特に大事で、憲法典自体を変える必要がないほどだったのです。ですから帝国憲法誕生から改正までの55年間、一度も条文をいじろうという本格的な動きはありませんでした。

もちろん、その時代時代で問題をはらんでいたのも事実です。しかしだからといって、私たちはこの国家的大事業の意義を軽視してはいけないと思うのです。憲法を作り、日清・日露と二度の戦争を戦い、大きな犠牲を出しながらも勝利。この2回の勝利の後に、日本は念願の「不平等条約改正」を果たし、大正デモクラシー等を経て、選挙権の拡大など「国民の権利」も徐々に広がっていきました。日本近代化の壮大なストーリーを私たち現代日本人は忘れていないでしょうか。

帝国憲法は無駄に貶《おとし》められ、逆に日本国憲法が持ち上げられますが、巻末の付録にある帝国憲法をご一読いただき、憲法議論に役立てていただければと思います。

第3章◆日本国憲法の成立過程

「日本国憲法」はこうして作られた！

70年前──。
GHQの素人集団が1週間で……
ホントの話です！

【成立過程を学ぶことの大切さ】

「押し付け憲法」か、「押し頂き憲法」か

「憲法」の話 其の22

帝国憲法は戦後散々否定されてきましたが、実は日本の歴史伝統文化に則り、長い時間をかけて作られた憲法典でした。頭ごなしに否定する前に、まずこの事実はおさえておくべきでしょう。ただし、運用面で問題があったのも事実です。

いつの時代もそうですが、正論が通らなくなると終わりです。昔も今もこれからも、憲法は条文も大事ですが、運用はもっと大事になります。

「じゃあ、日本国憲法もいろいろ言われているけれど、結局は運用でなんとかできるんじゃないの？」と思われるでしょう。しかし、日本国憲法は運用でごまかすことのできない多数の問題をはらんでいます。そうした問題を解釈などでごまかし続けて今日まで来たのです。

何よりその成立過程がデタラメです。デタラメだからこそ、齟齬《そご》も出てくるのです。

よく改憲派から、「日本国憲法は占領軍による〝押し付け憲法〟だ」と言われています。確かに成立過程を見れば押し付けとしか言えないでしょう。しかし、そんな押し付けられたというものが、もう70年の月日を経て一字一句なんの改正もせぬまま現存しているのです。

成立時点では押し付けでしたが、こうなると押し頂いてしまっているような状態です。

自民党は改憲が党是《とうぜ》だと言いますが、結局はマスコミの反発からくる支持率低下を恐れて改憲を引っ込めた状態が続きました。事実、憲法96条には改正の規定がありますが、改憲のために必要な国民投票に関わる法律が成立したのが、第一次安倍政権時の平成19年（2007）です。

それまでは憲法に改正規定はあっても、実際に改正するための手続きを定める法律がないという状態だったのです。つまり、ごく近年まで、「自民党は本気で改憲する気はなかった」と言えます。

「改憲の機運は高まりつつある」と常に言われ続けています。実際に第二次安倍政権になり、平成28年（2016）の参院選で与党と改憲政党で衆参3分の2を達成し、改憲の発議自体ができる状態になっています。しかし、自民党が出した憲法改正草案にも問題が多く、とても国民の同意を得られるものではないでしょう。この自民党の改憲草案も、結局は押し付けられたという日本国憲法が土台になっています。

憲法を知り、「より良い未来」のための運用をするためにも、やはりもっと憲法を知る必要があります。どういう経緯で成立したのかを知ることによって、憲法議論もより活発になるでしょう。

ところが、日本国憲法の成立過程に言及しようとすると、護憲派からは「内容がいいんだから成立過程なんてどうでもいいじゃないか。それに日本だって関わっているんだし、これはもう私たちの憲法だよ」というように、なんとか日本が関わったことを強調することが多いのも事実です。

本当のところはどうなのか……。この章で詳しく見ていきましょう。

「憲法」の話 其の23

【敗戦国となった日本】

無条件降伏ではない「ポツダム宣言」を受諾して降伏

昭和20年（1945）8月15日、日本は「大東亜戦争」に敗戦しました。死に体の日本に対して、アメリカは原爆を8月6日広島、9日長崎に投下し、民間人を大虐殺します。さらに、「日ソ中立条約」を結んでいたソ連までが宣戦布告してくるわで、もうどうにもなりません。

日本は「ポツダム宣言」を受諾し、降伏しました――。

ポツダム宣言を語る上で「日本は無条件降伏した」と書かれることがあります。これはテレビや新聞などでも見られる傾向です。しかし、ポツダム宣言を見てみると、日本国家としての無条件降伏ではないことがわかります。「吾等ノ条件ハ左ノ如シ」と条件を示している〝有条件降伏〟でした。

〝無条件〟というのは、あくまで日本軍のことです。ポツダム宣言の「13条」を見てみましょう。

【ポツダム宣言】

十三、吾等ハ日本国政府カ直ニ全日本国軍隊ノ無条件降伏ヲ宣言シ且右行動ニ於ケル同政府ノ誠意ニ付適当且充分ナル保障ヲ提供センコトヲ同政府ニ対シ要求ス右以外ノ日本国ノ選択ハ迅速且完全ナル壊滅アルノミトス

全日本軍の無条件降伏について書かれ、「やらないと、完全に潰すぞ！　この野郎！」ということです。

そして、憲法を語る上で重要になってくるのはポツダム宣言の「10条」です。

十、吾等ハ日本人ヲ民族トシテ奴隷化セントシ又ハ国民トシテ滅亡セシメントスルノ意図ヲ有スルモノニ非サルモ吾等ノ俘虜ヲ虐待セル者ヲ含ム一切ノ戦争犯罪人ニ対シテハ厳重ナル処罰加ヘラルヘシ日本国政府ハ日本国国民ノ間ニ於ケル民主主義的傾向ノ復活強化ニ対スル一切ノ障礙ヲ除去スヘシ言論、宗教及思想ノ自由並ニ基本

的人権ノ尊重ハ確立セラルヘシ

現代人には少々読みにくい文章ですが、要は「私たち（連合国側）には日本人を奴隷にしたり、日本を滅亡させようとする意図はない。ただ、戦争犯罪人は厳重に処罰する。民主主義的傾向を復活・強化する一切の障害を撤去する。言論・宗教・思想の自由、そして基本的人権の尊重は確立する」ということです。

そして、別の条文を見ると、「ポツダム宣言の理念が達成されるまでは占領軍が日本に居座るけれど、理念が達成されたら撤収する」とあります。しかし、非常に曖昧《あいまい》なものなので、どういった占領になるのか、いつまでいるのかもわからぬままです。結局、長く居座ることになりました。

さて、ポツダム宣言には「民主主義的傾向の復活・強化」との言葉がありました。現代の教育を受けると、「戦前の日本は民主主義なんてまったく知らない暗黒時代で、戦後になってマッカーサーが授けてくれたんだ」と勘違いしている人がいるかもしれませんが、そんなことはありません。

戦争に向かっていく中で、窮屈な時代になったのは事実です。しかし、そうなる前に民主的傾向、例えば「大正デモクラシー」に代表されるような流れがあったのです。そうして少しずつ「選挙権」「議会政治」「政党政治」を確立していきました。そうした流れを復活・強化するということなのです。

「民主主義的傾向の復活・強化」のために憲法改正が必要だったのかというのは、議論が分かれるところです。帝国憲法は簡文なので運用をしっかりして慣習を積み重ねていくのであれば、いわゆる「国民の権利」は拡大できたのです。

例えば、「戦前の日本は〝女性参政権〟がないから遅れていた」と言われることがあります。しかし、これは憲法の問題というより、時の社会が世界的潮流についていけなかったというほうが大きいのではないでしょうか。女性の参政権は帝国憲法を変えずとも、「公職選挙法」を変えるだけで実現できました。

民主的傾向を復活・強化するにしても、「帝国憲法を変える必要はないですよ」という意見もあれば、「運用を誤ったから、いっそ改正をしたほうがいいのでは？」との意見もありました。

【GHQによる言論統制】

占領軍がやってきた！「武器によらぬ戦い」で日本を破壊せよ

「憲法」の話 其の24

ポツダム宣言を受け入れて降伏した日本ですが、そのポツダム宣言を執行するために、連合国の占領軍がやってきます。そうです、「GHQ（General Headquarters：連合国軍最高司令官総司令部）」です。

ちなみに、戦後長らく総理大臣を務め、日本国憲法制定にも関係する吉田茂《よしだしげる》は憲法改正の審議の際に、「なぜそんなに急ぐのか」と問われました。これに対して、吉田はGHQへ皮肉を込めてこう返したのです。「日本としてはなるべく早く主権を回復して進駐軍に引き上げてもらいたい。GHQはGo Home Quickly（早く帰れ）の略語だなどという者もいる」。そして、「そのためには、憲法改正を一刻も早く実現せよ！」というジョークを飛ばしました。なお、ダグラス・マッカーサーにも、GHQの由来の話のときに吉田は惚《ほう》けたふりをして同じことを言ったそうです。

そのGHQのトップたる連合国軍最高司令官は、パイプくわえたおじさんでお馴染《なじ》みのマッカーサーです。彼は昭和20年8月30日に厚木に降り立つことになります。9月2日、戦艦ミズーリで降伏文書への調印が行われ、日本国政府が連合国に正式に降伏したことが宣言されます。

「戦争は終わった……」と思われるかもしれませんが、武器によらぬ戦いがここから始まります。

マッカーサーは日本占領について強大な権力を得て、矛を失っている日本でやりたい放題やっていました。本来はGHQの側もポツダム宣言に縛られるはずですが、そんなことは関係なかったかのように強権を発動します。

GHQの役割は、「日本をとんでもなく悪い国であったと仕立て上げ、牙を抜き、二度とアメリカの脅威にならないようにすること」でした。そのための宣伝工作が「ウォー・ギルト・インフォメーション・プログラム（WGIP）」です。あらゆる宣伝によって日本人から自尊心を奪い、日本人に贖罪《しょくざい》意識を植え付けていきます。

ラジオでは「真相はこうだ」という番組、新聞では「太平洋戦争史」の連載で、「日本軍はとにかく悪かったんだ」と、ないことないこと宣伝して悪者に仕立て上げていきます。

メディアの統制は凄まじく、プレスコードを定めて、GHQにとって都合の悪い言論はシャットアウトしました。禁じられていたのは次の30項目です。

1、SCAP（連合国軍最高司令官、もしくは総司令部）に対する批判
2、極東国際軍事裁判に対する批判
3、GHQが日本国憲法を起草したことに対する批判
4、検閲制度への言及
5、アメリカ合衆国への批判
6、ロシア（ソ連）への批判
7、イギリスへの批判
8、朝鮮人への批判
9、中国への批判
10、その他の連合国への批判

11、連合国一般への批判（国を特定しなくとも）
12、満洲における日本人取り扱いについての批判
13、連合国の戦前の政策に対する批判
14、第三次世界大戦への言及
15、冷戦に関する言及
16、戦争擁護の宣伝
17、神国日本の宣伝
18、軍国主義の宣伝
19、ナショナリズムの宣伝
20、大東亜共栄圏の宣伝
21、その他の宣伝
22、戦争犯罪人の正当化、および擁護
23、占領軍兵士と日本女性との交渉
24、闇市の状況
25、占領軍軍隊に対する批判

26、飢餓の誇張
27、暴力と不穏の行動の煽動
28、虚偽の報道
29、GHQ、または地方軍政部に対する不適切な言及
30、解禁されていない報道の公表

この厳しい基準に基づいて検閲が行われていました。まさに「言いたいことも言えないこんな世の中じゃ……」とため息をつきたくなるような状況です。

検閲はメディアだけに限りません。個人にも向けられていました。

占領直後の昭和20年9月から21年10月までの検閲のデータがありますが、それによると、「郵便」2億通、「電報」1億3600万通、「電話」は80万回も盗聴されていました。桁違《けたちが》いの量です。

こうしたWGIPの毒素は、終戦から70年を経た今も残り続けているように思います。

そして敗戦体制の確立、アメリカへの隷属のための根本となるものが日本国憲法だったように思います。

さらに、ＧＨＱにとって都合の悪い日本人は徹底的に排除されました。いわゆる「公職追放」ですが、最初は「戦争犯罪人」だとか、「軍国主義者」という理由で追放していき、のちに範囲が拡大して企業幹部なども追放されていきます。衆議院議員も８割ほどが追放されました。恐るべきことに公職追放の数はなんと20万人にも及びます。もう笑うしかありません。

憲法を語る上で、まずＧＨＱにとって都合の悪い人は追放され、言論も厳しく制限される時代背景であったというのを覚えておきましょう。

憲法改正の審議をする上でも、ＧＨＱに都合の悪い人間はほぼおらず、選挙の立候補者も制限されていましたから、とてもまともな状態ではありません。

【近衛文麿の悲劇】

マッカーサーからハシゴを外された近衛文麿

「憲法」の話 其の25

敗戦直後の昭和20年8月17日、東久邇宮稔彦王《ひがしくにのみやなるひこおう》を首班とする内閣が誕生しました。

何よりの任務は「戦後処理」に尽きます。GHQから山のように出される指令を実施するわけですが、当初はそれで手一杯です。とても憲法がどうだと言っている場合ではありませんでした。

そんな中、マッカーサーが最初に憲法改正の示唆《しさ》をしたのは同年10月4日のことでした。誰に言ったのかというと、意外かもしれませんが近衛文麿《このえふみまろ》です。

近衛文麿といえば、戦前に内閣を率いて、どうやっても戦争は避けられないような状況になってから内閣を投げ出し、東條英機《とうじょうひでき》にバトンタッチしたあの人です。その周りにはコミンテルンの工作員が紛《まぎ》れ込んでいたと言われています。

近衛は、東久邇宮内閣に副首相として入閣していました。そして、10月4日にマッカーサーと面談をするわけです。そのときに政府組織やなんやらと意見を交換する中で、マッカーサーが「憲法は改正を要する」と近衛に示唆したのです。

その面会の翌日、東久邇宮内閣は総辞職してしまいました。次は、幣原喜重郎《しではらきじゅうろう》を首班とする内閣です。ここで近衛は「内大臣府御用掛《ないだいじんふごようがかり》」に任ぜられます。この位にあって近衛は憲法改正を検討することになりました。内大臣府というのは、宮中にあって天皇を補佐する機関でした。

近衛は京都帝国大学の佐々木惣一教授をも引き込みます。佐々木教授は箱根にこもり、帝国憲法改正をいかにすべきかと検討を始めました。

それとは別に、近衛自身もアメリカ側からも情報を引き出そうと必死に任務を果たそうとするわけですが、悲劇が襲います。アメリカ国内で「近衛文麿を戦犯として出廷させろ」との声が高まってきたのです。戦前何度も首相になり、実際彼の元で引き返せないほど戦争への流れができていきましたし、実力者だと思われていました。

こうしたアメリカ本国からの声を受けて、近衛に憲法改正を示唆したマッカーサーはどうしたのか。「近衛に憲法改正を依頼？　そんなの知らんな」とハシゴを外してしまいます。

その後、近衛は戦犯として指名され出頭を命じられることになるのですが、出頭日である昭和20年12月16日の未明に、失意の中、白装束《しろしょうぞく》に身を包んで服毒自殺を遂げることになります。享年54。

【憲法問題調査委員会】

まずは「憲法改正」の検討からはじめた内閣

「憲法」の話 其の26

東久邇宮内閣が総辞職した後に誕生した、幣原喜重郎内閣——。

幣原首相も昭和20年10月11日にマッカーサーを訪問して面談します。マッカーサーはここでも憲法改正を示唆することになります。しかし、近衛文麿に言ったような明確な憲法改正の示唆というより、「参政権を女性に与えて解放しろ」とか、「労働組合を奨励しろ」とか、憲法の自由主義化を包含すべきだとする曖昧なものでした。

この時点で、幣原は明確に憲法改正に直結するとは考えていなかったようです。しかし、憲法改正のような重要事項であるにもかかわらず、宮中の機関である内大臣府で近衛も憲法改正の検討をしているのは筋違いだとの批判も起こり、「内閣としても検討せねばいかん」ということで、調査を開始することになりました。

近衛がなぜ内大臣府で憲法改正の検討に入ったのかというと、憲法改正の発議権は天皇にあるからです。「天皇に近いほうが動きやすいだろう」という判断があったのです。

10月13日、「憲法問題調査委員会」が設置されることを閣議で了解します。つまり一時期、同時にふたつの国家機関が別々に憲法改正の検討をやっていたというわけです。

この時点では「まず調査が先決で、必要があれば改正する」というスタンスだったので、憲法改正委員会ではなく、調査委員会との名称になっています。

メンバーは委員長の松本烝治《まつもとじょうじ》を筆頭に、顧問に清水澄《しみずとおる》、美濃部達吉《みのべたつきち》、野村淳治《のむらじゅんじ》など老大家の面々。委員には東大教授宮澤俊義《みやざわとしよし》、九大教授河村又介《かわむらまたすけ》、東北大教授清宮四郎《きよみやしろう》など憲法学の権威者が集められました。松本委員長は佐々木惣一京大教授も加えようとしましたが、美濃部の反対にあって加えられなかったといいます。

委員長の松本烝治は商法の大家で、東京帝国大学教授、法制局長官、貴族院議員などを歴任し、幣原内閣で憲法担当大臣に就任します。

ちなみに、「烝治」というのはジョージ・ワシントンの「ジョージ」にちなんで付けられた名前です。憲法問題調査委員会は、委員長の松本の名から「松本委員会」とも呼ばれています。

10月27日に1回目の総会を開き、以降20回の会合が開かれますが、まずは憲法各章について、問題点をピックアップして検討するという方法で審議が進みました。会合の回数を重ねていくほど、憲法改正案作成の方向に機運が向かっていきます。年末には各委員が私案を書いて持ち寄り、正月になると松本は鎌倉の別荘で憲法私案の執筆にかかります。そうして、昭和21年（1946）1月4日に「松本私案」を脱稿。

その後、委員会でも検討をしてから松本自身も修正を加えたものが「甲案」となります。この甲案とは別に、委員の有力な意見を幅広く取り入れた案を作りました。これが「乙案」です。乙案は改正点も多く、条文によっては複数の案を出していました。

甲案、乙案のふたつの案が出たわけですが、両案の基礎となったのは昭和20年12月8日に松本が衆議院の予算委員会で発言した「憲法改正の四原則（「松本四原則」ともいう）」です。

1、天皇が統治権を総攬されるという基本原則は変更しないこと
2、大権事項を制限して、議会の権限を拡大すること
3、国務大臣の責任を国政の全般に及ぼすとともに、国務大臣は議会に対して責任を負うこと

4、人民の自由・権利の保護を拡大し、それに対する侵害について十分な救済の方法を講じること

以上4つの原則を元に作られました。

両案とも天皇の地位について基本的な違いはありません。これについて委員会で松本はこう言ったそうです。

「連合国側の通告によると、こういった問題は日本国民が自由に表明した意思によって決定されるべきものとしている。連合国といえども、これについて命令強制することはできない。ごく一部の例外はあろうが、日本国民の総意は絶対に天皇制を支持するものと確信する」（佐藤達夫『日本国憲法誕生記』より）

憲法のような根本的な法を占領下で強制するというのは、「ハーグ陸戦条約」に抵触するという指摘や戦時慣習法からしても問題があるため、最初はマッカーサーも日本に対して憲法を強制するわけでなく、示唆するにとどめていました（この時点ではまだ「押し付け」ではなかった）。

松本にはこうした考えがあって、甲案、乙案では天皇の根本的な部分に触れる改正を

加えていませんでした。

注目すべきは「軍事」についての規定でしょう。甲案では軍を存続させつつ、暴走を阻止するための方策が講じられていました。一方、乙案では軍の規定そのものが置かれていないのです。

これは終戦直後の社会情勢的にも、平和国家として再出発することを国際社会に示すのがいいだろうという意図があり、現在の9条のように将来にわたっての軍備を禁ずるというような発想ではありませんでした。

何より、軍事に関しては占領下であり、現状は持てもしない軍隊についての規定は憲法に書いても仕方ないとの認識でした。将来、有事になれば、法律で措置をとろうというものです。


内閣とは別に、民間にも憲法改正案がいくつかありました。

有名なのは統計学者の高野岩三郎《たかのいわさぶろう》の呼びかけで作られた憲法調査会が昭和20年12月26日に発表した「憲法草案要綱」です。「国民主権」や「生存権」などが盛り込まれ、この草案を見たGHQは「ええやん」と自らが作る草案にもその内容を盛り込んでいます。

このグループは左翼的な人たちの集まりで、高野自身は憲法草案要綱に満足できず、「天皇制廃止」「大統領制」「土地国有化」など、より過激な「日本共和国憲法試案要綱」を作成しています。

【マッカーサーの横やり】

秘密裡にやっていたのに……「毎日新聞」のスクープ

委員会の審議は秘密裏《ひみつり》に行われていました。先ほどの甲案、乙案のプリントも会議のたびに委員から返却してもらい、秘密を守るための方策が講じられています。

マッカーサーは昭和21年1月11日に、アメリカにおける対日管理政策の実質的な決定機関である「国務・陸軍・海軍三省調整委員会（ＳＷＮＣＣ）」が作成した「日本の統治体制の改革（ＳＷＮＣＣ２２８）」を受け取りました。

これはマッカーサーに対する命令ではなく、参考資料として示されたのですが、日本政府に対して、「選挙民に責任を負う政府の樹立」「基本的人権の保障」「国民の自由意思が表明される方法による憲法の改正」といった目的を達成するために、統治体制の改革を日本に示唆しなければいけないという内容です。

あくまで「強制は最後の手段」とも言っています。そうしなければ、「諸改革が占領軍に押し付けられたものと日本人が知ったとき、受け入れられないだろう」との考えがありました。

のちにGHQ草案が作られるわけですが、「日本の統治体制の改革」は重要な指針として取り入れているので覚えておきましょう。

「日本の統治体制の改革」を受け取ったマッカーサーは憲法に並々ならぬ関心を示していたといいます。しかし、憲法問題調査委員会は秘密裏に行われていたため、GHQも入り込めませんでした。

そんな中、大事件が起こります。

昭和21年2月1日、「毎日新聞」が大スクープ記事を掲載します。それは何かというと、審議が大詰めを迎えていた松本委員会の試案だったのです。本物の試案とは多少の違いがあり、委員の宮澤俊義が審議に備えて独自に作成していたものです。しかし、甲案、乙案と本質的には違いがありません。

「秘密裏にやっていたのに、なぜ?」ということで、松本委員長はじめ、委員たちはたまげます。

記事の反響は大きく、世間の評判もあまりいいものではありませんでした。松本は記者からの質問攻めにあいました。秘密裏にやっていたのでつまびらかにするわけにもいかず「試案は検討しているものとは違う！」と否定することになります。

毎日新聞のスクープは、速攻で英訳され、GHQの民政局で検討され、民政局長ホイットニーの名前でマッカーサーに報告されました。「この改正案は極めて保守的な特色を備えている。天皇の地位は変わっていない。正式な改正案が提出される前に、彼らに指針を示すほうが、日本側から案を出されてから検討するより手っ取り早い」と彼らは考えたのです。


当時、マッカーサーは極東委員会の動向も気になっていました。極東委員会というのは、日本占領管理に関する連合国の最高政策決定機関で、その政策はアメリカ政府を通じてマッカーサーに指令として伝達されます。マッカーサーとしては「極東委員会が本格的に始動してあれこれ言ってくる前に、憲法改正の主導権を握らなければならない」と考えていました。

極東委員会は戦勝各国代表で構成されており、ソ連やオーストラリアなどは「天皇を戦争犯罪人として東京裁判に引き出せ！」と主張していました。一方、マッカーサーは

「日本の統治に天皇は絶対に必要だ」と考えていました。だからこそ極東委員会に主導権を握られる前に、憲法改正の道筋をつけようと考えたのです。

極東委員会とマッカーサーの関係は良くありませんでした。「極東委員会の議論は非生産的と感じていた」と、マッカーサーはのちの回顧録でも批判しています。

「憲法」の話 其の28

【マッカーサーの憲法案】

日本国憲法の大原則「マッカーサー・ノート」

日本の改正案に満足できなかったマッカーサーは、結局自ら憲法を作ることを決意しました。

毎日新聞のスクープから2日後の昭和21年2月3日、マッカーサーは民政局長コートニー・ホイットニーを呼び出して、「日本国憲法の草案を作るように！」と命じます。草案を作るにあたって、マッカーサーは次の原則を盛り込むようにと指針を与えます。それがいわゆる「マッカーサー・ノート」です。

1、天皇は元首（ヘッド）の地位にある。皇位の継承は世襲とする。天皇の職務・権能は憲法に基づいて行使され、憲法に表明された国民の基本的意思に応えるものとする。

2、国権の発動たる戦争は、廃止する。日本は、紛争解決のための手段としての戦争、さらに自己の安全を保持するための手段としての戦争をも放棄する。日本はその防衛と保護を、今や世界を動かしつつある崇高な理想に委ねる。日本が陸海空軍を持つ権能は、将来も与えられることはなく、交戦権が日本軍に与えられることもない。

3、日本の封建制度は廃止される。貴族の権利は、皇族を除き、現在生存する者一代以上には及ばない。華族の地位は、今後どのような国民的または市民的な政治権力を伴うものではない。予算の型は、イギリスの制度に倣《なら》うこと。

「2」を見ていただくとわかるでしょうが、明らかにこれが日本国憲法9条の原点になっています。この原則を元に民政局が憲法草案を制作することになりました。

ホイットニーは早速この命令を実行するために、3人の男を呼び出しました。ケーディス大佐、ハッシー中佐、ラウエル中佐の3名です。

ホイットニーは彼らに憲法起草の意図を伝え、マッカーサー・ノートを示し、同年2月12日に日本側との会議をやるからそれまでにこちらの考えを示すと説明しました。ケーディスは「そんなに急ぐのか」と驚き、他のふたりは質問すらできないほどの衝撃を受けたといいます。

のちにケーディスが回想したところによると、「民政局で憲法の草案を作ることは挑戦であり、難しいものになるだろう」と考えていました。なぜなら、役に立ちそうな資料が乏しかったからです。

そうはいってもやるしかありません。この3名が中心となって、組織作りをすることになりました。戦力はホイットニー以下民政局員25人のみ。この人数で、たったの1週間あまりで憲法草案を作るのです。

ケーディスが運営委員長となり、ハッシー、ラウエル、書記役のエラマンを含めた4人が運営委員会となって全体を統括し、その下に立法権・行政権・人権などの委員会を設けました。組織作りが終わっても翌日からの作業に向けて、マッカーサー・ノート以外の指針も確認する必要があり、その作業は深夜に及びました。

民政局のメンバーはアメリカでもトップレベルの大学や大学院を修了していて、優秀なのは間違いないのですが、憲法の専門家はひとりもいませんでした。

さらに、日本の歴史や伝統文化にも通じている人はおらず、偏見と無知もある中で、たった1週間で憲法を起草しようというのですから驚きです。

ちなみに、ケーディスやホイットニーは「ニューディーラー」でした。「フランクリン・ルーズベルト大統領はニューディール政策を推進していた」と学校の授業で習うでしょう。あの政策は、本国アメリカでは「社会主義的だ」ということで次々と違憲判決が出され阻まれていたのです。そんなニューディール政策を信奉する社会主義者は国内で行き場をなくします。

彼らが辿り着いた場所……、それが日本だったのです。本国では絶対にできないような〝実験的改革〟を日本で行いました。

翌2月4日、民政局員のほとんどが会議室に集められ、ホイットニー民政局長が芝居掛かった口調で発言します。

「諸君、今日は憲法会議のために、諸君に集まってもらった」

民政局員からすると「はぁ？　憲法？」とキョトンとしたことでしょう。ホイットニーは続けざまに、「マッカーサーが日本国民のために新しい憲法を作成するという任務を民政局に託した」と話します。そして、マッカーサー・ノートを読み上げ、「作業をリンカーンの誕生日である2月12日までに終えること」を述べました。

アメリカ人はこういう記念日に何か合わせるのが好きなようです。この憲法起草の締め切りをリンカーン誕生日にしたのもそうですし、東京裁判でいわゆる「A級戦犯」として絞首刑を言い渡された7人の刑が執行されたのは、当時の皇太子（現在の天皇陛下）の誕生日である12月23日です。完全な嫌がらせです。

【専門家ゼロの憲法作り】

素人集団・GHQ民生局の合言葉は「図書館へ急げ！」

「憲法」の話 其の29

ホイットニーが話し終わると、あとはケーディスが作業の心得を通達します。ここで、「秘密厳守」「暗号の使用」「ノート類の最高機密扱い」「小委員会、及び運営委員会の設置と役割分担」「仮案の週末までの制作」が確認されました。

あとは小委員会に分かれて作業に入るわけですが、先ほどのケーディスの回想にもあったように、資料の圧倒的に足りない中での草案作成は難航を極めました。

何部かあった「米国憲法書」は奪い合いになり、ソ連やフランス、ワイマール憲法など手あたり次第に資料を探すところから作業はスタートします。

民政局自体は資料を保管しておらず、「G2（参謀第二部）」には多くの資料がある図書室がありました。ここを使いたいところですが、他局のものは使えません。部外者が入った場合はスパイ容疑で逮捕されます。そのため、局員たちは資料集めに頭を悩ませました。

ケーディスやラウエルに「憲法を作るっていったって、どうやって資料を集めたらいいんですか?」と局員が質問したところ、ラウエルは次のように言ったそうです。「こっちも忙しいんだから自分で探してくれ!」と――。

当時22歳で人権に関する委員会に所属していたベアテ・シロタ・ゴードンはジープに乗って都内の図書館を回り、役に立ちそうな資料を集めました。なにしろ彼女は憲法がどういうものかまったく知りませんでした。晩年の彼女は「つまり、どのような種類の言葉が、最初の言葉に来るのか、それさえ知らなかったのです」と語っています(何でこんなのが憲法起草メンバーにいるんだ……⁉)。

のちに「日本国憲法に男女平等を書いた人だ!」と護憲派の間でもてはやされることになりますが、そもそも男女平等というのはポツダム宣言にも出ていたことで、彼女が初出ではありません。

ベアテは図書館を回って資料を集めてきたわけですが、他の局員にとってもこれらの資料は渇望されたもので、引っ張りだこになったといいます。

「憲法」の話 其の30

【パクリ疑惑】

時間がないから、各国の憲法をパクって草案を作る

帝国憲法を批判するときに「これは○○憲法のパクリに過ぎない！」ということを言われたりします。しかし前章でみたように、各国の憲法の良いところを取り入れつつ、歴史の研究から日本らしい独自の憲法が生まれました。

一方の日本国憲法は、正真正銘の〝パクリ憲法〟でした。

約1週間という起草期間で、資料もまったく足りないような状況です。これで他国の憲法を作れというのですから、本当に驚くばかりなのですが、憲法の専門家もいませんから、当然、どのように作り上げていくかなんてわかるわけもありません。

するとどうなるか。各国の憲法からそれらしい条文を引っ張ってくるしかないのです。「人権の条項」を担当したベアテ・シロタ・ゴードンは主に「ワイマール憲法」と「ソ連憲法」をパクリ、もしくは組み合わせてコピペすることによって、憲法の草案を作り

上げていったのです。他の起草に関わった人物も大なり小なり各国の憲法をコピペしています。

ベアテのコピペ草案は検討される段階になって大幅なカットをくらいました。コピペな上に、無駄に冗長《じょうちょう》だったのです。あまりに大幅にカットされるものですから、書き直すときは泣きながら作業したと言います。

彼女の書いた草案の一部を見てみましょう。

第一九条　妊婦と乳児をもつ母親は、国から守られる。必要な場合は、既婚、未婚を問わず、国から援助が受けられる。私生児は、法的に差別を受けず、法的に認められた子供同様に、身体的、知的、社会的に発展することにおいて権利を持つ。

〔最終的にカット〕

第二三条　すべての公立、私立の学校では、民主主義の基本と自由と平等、正義、義務について教育することに力を入れる。

学校では、平和的に向上することを、最も重要として教え、常に真実を守り、科学的に証明されたことを、研究について教えなければならない。

〔最終的にカット〕

（鈴木昭典『日本国憲法を生んだ密室の九日間』）

原則だけ決めて、「あとは法律に書けよ」という内容です。ケーディスもそう考えていたようで、細々細々本当に長ったらしい文章を書いて、その都度無慈悲にカットされていました。

民政局員は憲法起草という大仕事のために熱心に頑張りました。しかし1週間あまりで、しかも憲法について詳しくない人々が作ったものというのは間違いありません。

「憲法」の話 其の31

【日本政府、苦渋の決断】

運命の2月13日。脅迫に屈し、GHQ草案を飲むことに

かくして1週間での民政局による憲法草案の起草が終わり、〝運命の日〟がやってきました。

昭和21年2月13日、外相官邸にホイットニー、ケーディス、ハッシー、ラウエルが到着します。終戦連絡中央事務局参与の白洲次郎《しらすじろう》がサンルームに案内し、吉田茂外相、松本烝治国務大臣が出迎えました。

極秘裏に憲法草案を作ったGHQ、そしてそんなこととは知らず、自分たちの作った草案への見解や回答が聞けると思っていた日本側（松本委員会が作成した憲法改正要綱と、その説明書は2月8日の時点でGHQ側に提出されていた）。日本側はこの要綱に対するGHQの意見を聞いて、正式な草案とする予定だったのです。

最初のうちは、「あなたの名前はジョージ・ワシントンにちなんでいるそうですね」

とホイットニーが尋ねると、「父がジョージ・ワシントンを尊敬していました」と松本が応じるなど打ち解けた雰囲気がありました。

しかし、事態は急変します。ホイットニーはGHQ案をタイプしたものを数冊机の上に出しました。そして、極めて厳格な態度で発言します。

この日のホイットニーの発言の要点は次の通りです。

●日本が作った改正案では自由と民主主義の文書として、連合国最高司令官が受け入れることができない。

●こちらの提案（GHQ草案）は司令部にも、米本国にも、連合国極東委員会にも承認されるべきものだ（ちなみに連合国には承認を得ていない）。

●マッカーサー元帥は天皇の保持について考慮をしているが、天皇を戦犯として取り調べるべきだという他国の圧力がものすごい。マッカーサー元帥も万能ではない。もしこの案が受け入れられるなら、天皇は安泰だろう。

飲めば天皇は安泰、飲まなければ天皇は裁判で裁かれる……。露骨な脅迫を前に、日本側はこの草案を飲むしかありませんでしたが、何はともあれGHQの草案を読んでみないとどうにもなりません。ホイットニーらは一時退席しました。

寝耳に水とはこのことです。GHQが草案を作成していたことも驚きですし、何よりその内容に一同は絶句します。

日本では馴染みのない前文には、意味不明の理想論が書き立てられているし、法なのに文学のような文章が書いてあります。「土地の国有化」という条項もありました。これを見た松本は、「共産主義の条文じゃないか……」と絶句します。

さらに、国会はなぜか一院制になっているし、何よりも天皇がシンボルとなっています。まったく意味不明の文章です。しばらくして、白洲が外に出てホイットニーに待たせていることを詫びると、ホイットニーは笑いながらこう言ったそうです。

「私たちは原子力エネルギーの暖を楽しんでいるところです」

そして示し合わせたかのように、B29が一機爆音を立てて上空を飛んで行ったといいます。いわば半年前に投下された原子爆弾を思い起こさせるかのような、脅しの言葉だったというわけです。

疑問だらけの憲法草案——。松本は「なぜ一院制になっているのか？」「大国で一院制をとっている国はほとんどないように思うがどういうことなのか」と問いただすと、「日本にはアメリカのように州がないから上院なんていらんだろう。一院のほうがシンプルでいいじゃないか」と返されます。

これに対して、松本は「各国が二院制をとっているのはチェック機能のためである。多数党が一時の考えでやろうとすることを考え直すために二院制になっている。議会制度のことを論じている学者が皆言っていることじゃないか」と述べます。すると、アメリカ側は二院制の必要性について初めて聞いたような顔をしています。

松本はこう思いました。「こいつら、憲法のことをよくわかっていないんじゃないか……」と――。

そりゃ一流大学を出ているとはいえ、憲法の専門ではない人が1週間あまりで作っているわけですし、ベアテ・シロタ・ゴードンのような人物も入っていたのですから仕方ないといえば仕方ないといえるでしょう。

【日米の駆け引き】

やはり、日本国憲法はGHQ案をベースに作られた

「憲法」の話 其の32

GHQ案を持ち帰ってしばらく検討がなされました。松本烝治は幣原首相とも相談の結果、「向こうは憲法についてよくわかってないようだから、少し教えてやったほうがいいのではないか」と考え、松本案の再説明書が制作され、昭和21年2月18日に白洲次郎が持って行きました。

白洲は占領軍と行政の円滑な運営のために設けられた終戦連絡中央事務局参与で重要な役割を果たしていました。渡英してケンブリッジ大学クレア・カレッジを卒業し、英語が特に堪能でした。

それを象徴するこんなエピソードがあります。ホイットニーが白洲に「あなたの英語はとても見事ですね」と言うと、白洲は「閣下も練習したらもっと上達しますよ」とジョークを返したのです。

そんな白洲が再説明書を持って行ってGHQに再考を促そうとしたところ、「松本案は再考の余地がない。GHQ案で起草を進める意思があるのかないのか、2月20日までに決めろ！」という具合でした。

2月19日の閣議で、初めてGHQとの交渉経緯やGHQ草案の内容が説明されました。2月21日には幣原首相がマッカーサーを訪問し、3時間以上にわたって会談が行われました。

ここでマッカーサーから「私は頑張ってるんだが、ソ連やオーストラリアの圧力がものすごい。復讐戦を危惧しているが、なんとか防止しようと心がけている」と、また脅しが入ります。さらに、「だからこそ、主権在民と象徴天皇、戦争放の規定が重要である」と説かれます。

翌22日の閣議は幣原首相からの報告を聞き、重々しい空気に満ちていました。そしてこの閣議で、「GHQの案を元に、日本側の脚色を加えてなんとかカタチにしよう」との結論でまとまりました。

同日、松本烝治がホイットニーに面会に行き、GHQ案のうち、日本が変更してはいけない部分を問いただしました。すると、「字句の変更は可能だが、基本的な原則を変えてはいけない」という回答を得ます。「民選であれば二院制にしてもいい」ことも確認されます。

この階段で、「戦争放棄の条項を前文に持っていきたい」と松本が提案しますが、ホイットニーは「それはいかん。むしろ我々からすると1条に明記したいくらいだ」と返答しています。

こうして、基本的な方針を確認し、GHQ案を元に苦難の日本案作成作業に入ります。

2月26日に閣議決定され、3月11日を期限としてGHQに提出されることが決まりました。

【日本案の起草】

お粗末すぎるGHQ案をなんとかカタチにしなくては……

「憲法」の話 其の33

松本烝治は日本案作成にあたって、法制局次長の入江俊郎《いりえとしお》と法制局第一部長の佐藤達夫《さとうたつお》に協力を求めます。

松本自身が「第1章（天皇）」「第2章（戦争放棄）」「第4章（国会）」「第5章（内閣）」を書き、佐藤が「第3章（国民の権利義務）」を書くことになりました。26日にいきなり言われた佐藤は困惑したといいます。しかし急がねばならぬということで、早速取り掛かります。

GHQ草案は条文が細かいばかりか、趣旨がよくわからない規定もあります。そのため、佐藤は参考書や、アメリカ各州の憲法くらいは見たいと思いましたが、それらは戦災で焼失していたのです。さらに秘密裏に行われていたので、安易に誰かに相談することもできません。

議会で、「いやぁ〜、これは原案をGHQが作ったから雰囲気がおかしいんですよ」なんて言えません。日本政府が作ったことにしなければいけないので、なんとか翻訳調ではなく、日本の法文として通るカタチにしなくてはいけません。

しかし、元の文章があまりにも意味不明で作成作業は大変なものでした。例えば、GHQ草案の23条には現在の日本国憲法24条に通じるところがありますが、なんというかその……ポエムのようなものなのです。

第二十三条　家族ハ人類社会ノ基底ニシテ其ノ伝統ハ善カレ悪シカレ国民ニ滲透ス婚姻ハ男女両性ノ法律上及社会上ノ争フ可カラサル平等ノ上ニ存シ両親ノ強要ノ代リニ相互同意ノ上ニ基礎ツケラレ且男性支配ノ代リニ協力ニ依リ維持セラルヘシ此等ノ原則ニ反スル諸法律ハ廃止セラレ配偶ノ選択、財産権、相続、住所ノ選定、離婚並ニ婚姻及家族ニ関スル其ノ他ノ事項ヲ個人ノ威厳及両性ノ本質ニ立脚スル他ノ法律ヲ以テ之ニ代フヘシ

長ぇ！

佐藤達夫は、日本案起草にあたっての気持ちをのちにこう書いています。

日本案起草についての私たちの気持ちは、とりあえず、マ草案の栗のいがをとったものを作ろう、いずれこれについては先方と度々折衝を重ねることになろうから、そういう機会にゆっくり先方と話し合って、だんだん渋皮をむいてゆこう、はじめから、あまり変わったものを出すと、かえって門前ばらいをくう恐れがある――というわけだったということである。

（佐藤達夫『日本国憲法誕生記』）

佐藤はこうしたGHQ案を横目に1日半かかって受け持ちの部分を書き下ろしました。それを複写して2月28日に松本、入江と打ち合わせ、再検討したのちに手直しをして3月1日、第二次案について相談をしていました。

すると、3月2日に、思わぬことが起こります。

GHQが急に「草案をすぐに持ってこい、英訳が間に合わないなら日本語のままでいい」と催促してきたのです。約束の3月11日まではまだ日がありました。しかし厳命ということなので、3月2日までにまとまった案（「三月二日案」）を謄写版《とうしゃばん》で刷って、4日にGHQ民政局に持って行く準備をしました。佐藤は「あたかも書きかけの試験答案を途中でひったくられたような気持ちだった」とのちに語っています。

こうして3月4日、松本烝治、佐藤達夫、白洲次郎らは「三月二日案」と、その説明書を持って総司令部に向かい、通された部屋で民政局次長ケーディスらと早速英訳作業に入ります。

【松本VSケーディス】

ケーディスよ、アンタは日本語まで直しに来たのか!

「憲法」の話
其の34

早速、松本烝治とケーディスの間で大論争が巻き起こります。それは天皇の行為に対する内閣の補佐の部分でGHQ案にあった「アドバイス・アンド・コンセント」を、帝国憲法にもあったように「補弼」と書いていたのです。

ケーディスは「ちょ、待てよ。これじゃあアドバイスだけでコンセントの部分がないじゃないか。協賛という言葉も入れろ」とふっかけるわけですが、松本は「いやいや、協賛というのは帝国憲法上、帝国議会に対して使用するから、内閣に用いるのはおかしいし、天皇はもともと内閣のアドバイスがなければ国事に関する行為が行えないのだから補弼で十分だ」と譲りません。この話題だけで20分も問答を繰り返しました。

「言葉は各国違う。日本にはyouにあたる言葉は複数あるのだし、擁護についてはこちらに任せてほしい」と松本が言うと、ケーディスは「相手によって言葉を使い分けることこそが非民主的なんだ！」と返します。松本はそれに対して「あなたは日本語まで直しに来たのか！」と、応酬《おうしゅう》が続きました。松本は頭に血が上り、ケーディスも怒りで手が震えていたと言います。「このままでは殴り合いになるかもしれない」と思った松本は「用事がある」と言って退出してしまいました。

残された佐藤達夫は困惑します。本当はこの日、佐藤は来る予定ではなかったのです。しかし朝、首相官邸の玄関でばったり松本と出会います。松本に「これから総司令部に行くんだが、君も翻訳のために一緒に来てくれ」と言われたので、何の準備もしないままついてきたという次第です。

それでいてホイットニーから「今晩中に終わらなければ、明朝までに確定案を作れ」との命令です。松本が帰ってしまったので、仕方なく佐藤がケーディスらと徹夜で逐条審査の作業に入って行くことになります。

まず先ほど論争になったアドバイス・アンド・コンセントは、結局、「賛同」という言葉をつけることで落ち着きました。「赤い条項」と言われた土地国有化に関する規定などはあっさりカットすることができました。二院制も認められました。意味不明なものはいくらか整理することができました。

しかし、根本的な部分はGHQ草案によるべきである、と強く言い渡されます。「三月二日案」で削っていた前文は「そっくりそのまま付けろ」というので、その通りにしました。

佐藤は一睡もせずにこの作業をやり遂げました。この間、確定した案文は次々と首相官邸に届けられて5日の閣議にかけられました。結局、佐藤たちがすべての作業を終えたのが5日の午後4時頃です。こうしてまとまったのが「三月五日案」です。

佐藤はこの会議の感想を次のように述べています。

「この会議で感じたことは、要所要所については先方は一歩もゆずらなかったが、マ草案そのものはどうも急ごしらえのものらしく、原案をめぐって向こうの連中同士で議論をはじめたり、こちらからの質問に対して明確な答えが得られなかったり、――そのために削った条文も若干あった。――また、場合によっては、こちらの意見もたずねながら、お互いに力を合わせて条文を作り上げようという態度が見えたり、等々といったところであった」（佐藤達夫『日本国憲法誕生記』より）

佐藤は休む間もなく、法制局に戻って総司令部との合意を元に「憲法改正草案要綱」の作成をしなければなりませんでした。2日連続の徹夜です。

【急ぎの草案】

異例の速さで発表された「憲法改正草案要綱」

「憲法」の話 其の35

ここまで見てきただけでも、相当なスピードで物事が進んでいったことがわかるでしょう。じっくりとした検討がされないまま、矢継ぎ早に決まっていきます。

「三月五日案」ができたと思ったら、GHQから「五日中に草案を発表せよ。総司令部も草案に同意したことを発表する」との申し入れがありました。そこで、閣議の合間をぬって幣原喜重郎首相と松本烝治大臣は、天皇に拝謁してやむを得ずということで承認を受けました。

翌3月6日、政府は記者会見を開いて「憲法改正草案要綱」を発表します。まだ正式な条文ではなく、あくまで要綱というカタチでの発表でした。

この要綱を持って民政局のハッシーはすぐにアメリカに飛びました。極東委員会で日本国憲法についての討議が3月7日に行われるため、既成事実として、「もう進んでいるんだぞ」というアピールのためでした。

この要綱には反応が様々ありました。発表の翌日の3月7日には新聞各紙に掲載されるわけですが、2月1日に毎日新聞がスクープした松本案の内容から、大きな転換があったにもかかわらず、何の説明もなかったので、日本国民としても度肝を抜かれたことでしょう。

あまりに突拍子もない要綱だったので、アメリカのメディアも論説を出しています。

「新憲法草案が陸海空軍を全面的に廃止し、日本は今後その安全と生存を世界平和愛好諸国の信義に依存すべしと宣言するにいたっては、あまりに〝ユートピア〟的であって、むしろ現実的な日本人をして草案を軽んずるにいたらしめるであろう」

（3月7日付『ニューヨーク・タイムズ』）

外国人の目から見ても、日本人が作ったとはまったく感じられるものでなかったようです。

憲法改正草案要綱を元に政府案として条文化するにあたり、一夜漬けで作られた要綱について、さらに修正を加えたいものも出てきました。そこで法制局の入江俊郎と佐藤達夫はケーディスのところに赴いて詰めの作業に入ります。

さらに条文化に際しては、ひらがな・口語体にすることも決まりました。これは翻訳調をごまかすという意味もあったのです。諸々《もろもろ》話がまとまり、昭和21年4月17日に、前文と百ケ条からなる「日本国憲法草案」が作成されます。

【短かった公布までの期間】

カタチだけの枢密院での審議。そして、帝国議会へ

「憲法」の話 其の36

当時の制度では、憲法のような国家の重大事項は天皇の諮詢機関である枢密院でまず審議されていました。当時の枢密院議長は終戦時に首相だった鈴木貫太郎《すずきかんたろう》です。副議長は憲法学者の清水澄、枢密顧問官として皇族や閣僚などが名を連ねていました。

審議にあたっては、審査委員会が設けられ13名の委員が参加しました。委員の美濃部達吉は議事進行上の意義を唱えましたが、枢密院での議論は最初から枠がはめられていたことが松本烝治大臣からも語られています。

既定路線として枢密院を通過し、衆議院への審議に移ります。

昭和21年4月10日に戦後初の衆議院議員選挙が行われました。この選挙の結果を受けて、幣原喜重郎内閣は総辞職し、吉田茂内閣が誕生していました。憲法担当国務大臣も松本から金森徳次郎へと変わっていました。

6月20日、第90回帝国議会が開会し、憲法の審議も始まりました。6月25日には衆議院本会議に上程され、6月28日になると芦田均《あしだひとし》を委員長とする衆議院帝国憲法改正案委員会に付託され、修正が施されます。

委員会を通過後、8月24日に衆院本会議で圧倒的多数の賛成で可決されます。公職追放によって規定路線に乗らないのは共産党くらいのものです。

その後、貴族院ではGHQからの要請によって文言《もんごん》が調整され、10月6日に貴族院通過、再び衆議院本会議に付され、可決されます。

枢密院での最後の諮詢を経て、10月29日可決。天皇の裁可を得て11月3日公布、翌昭和22年（1947）5月3日に施行されることになりました。

元々の草案は約1週間で作られ、議会では約5ヵ月を要していますが、帝国憲法と比べると「制作期間は圧倒的に短い」と言っていいでしょう。さらに、議会はGHQの監視下にあり、規定路線を外すことはできませんでした。

こうした中で、私たちが今も使っている日本国憲法は作られたのです。

「憲法」の話 其の37

【本物の憲法学者】

変節する学者を尻目に、大日本帝国憲法に殉じた男・清水澄

日本国憲法が完成すると枢密院は廃止されるわけですが、最後の枢密院議長は清水澄でした（先ほどの説明では副議長でしたが、その後議長になりました）。

清水博士は著名な憲法学者で、大正天皇と昭和天皇に帝国憲法の御進講をしたという経歴を持ちます。最後には枢密院議長という立場でしたから、GHQ主導の憲法改正であるにもかかわらず、本人の思いとは裏腹に粛々と審議を進めていくことになります。

しかし、清水博士はそうした状況や日本の未来について憂慮していました。そして、日本国憲法が施行される昭和22年5月3日に、遺言として「自決ノ辞」をしたためました。

《新日本憲法の発布に先だち私擬憲法案を公表したる団体及個人ありたり、その中には共和制を採用することを希望するものあり、あるいは戦争責任者として今上陛下の

退位を主唱する人あり、我国の将来を考え憂慮の至りに堪えず、しかし小生微力にして之が対策なし、依て自決し幽界より我国体ヲを護持し今上陛下の御在位を祈願せんと欲す、之小生の自決する所以なり、しかして自決の方法として水死をえらびたるは楚の名臣屈原《くつげん》に倣いたるなり》

日本の現状、そして未来を憂慮した清水博士は、自らの死をもって国体を護持し、陛下の御在位を祈願しようとしたのです。楚の名臣「屈原」とありましたが、これは中国の故事に由来するもので、楚は屈原の重要な発言を聞き入れず、滅亡の危機に陥ってしまいました。そんな状況に絶望し、「もう見ていられない」と屈原は汨羅江《べきらこう》の淵に身を投げたのです。

「自決ノ辞」を書いた数ヵ月後の9月25日、清水博士は熱海の錦ヶ浦海岸から海へと身を投げました。戦後は占領軍にとって都合のいいように変節する学者や政治家が出てくる中で、清水博士はまさに帝国憲法に殉《じゅん》じたのです。その生き様を私たち現代人は記憶すべきでしょう。

金沢に生まれた清水博士ですが、金沢にある石川護国神社にその功績を讃える「清水澄博士顕彰碑《けんしょうひ》」が佇んでいます。

「憲法」の話 其の38

【9条の原点】

今なお議論が続く、憲法9条はこうして生まれた

日本国憲法の成立以来、現在まで大きな議論が継続しているのが〝憲法9条〟の問題でしょう。ここで、9条が成立するまでの過程を少し見ることにします。

なんといっても重要で、9条の原点と言えるのは、マッカーサーがホイットニーに「憲法起草にあたってこれだけは入れろ」と命じたマッカーサー・ノートです。先ほども出てきたので、そちらを確認していただきたいのですが、「自己の安全を保持する手段としての戦争を放棄しつつ、防衛と保護は世界の崇高な理想に委ね、交戦権も永遠に与えられることがない」というものです。

「どれだけ日本のことを恐れていたんだ」っていう話ですが、自己の安全すら国際社会に委ねるなど、こんなのもはや自立した国家ではありません。

しかし、このマッカーサー・ノートが下敷きになって日本国憲法の9条となる条文は

作られました。当時は戦争が終わったばかりで、「もうこれだけの大戦争はないだろう」と、皆（共産主義国を除く）が思っていた時期でもありました。

そうはいっても、「自己の安全を保持するための手段」という部分は実際に草案を作る作業の中で削除されています。付け加えられるカタチで「武力による威嚇《いかく》又は武力の行使」が追加されています。一体誰が削除したのかというとケーディスです。マッカーサー・ノートは憲法起草における原則でしたが、勝手に削除してしまったのです。

西修氏のインタビューにケーディスは答えています。それによると、「自己の安全を保持するための手段としての戦争まで書き込むのは非現実的だろうとの考えがあった」といいます。「どこの国も自己保存の権利を持っている」というのです。また、「この案をマッカーサーの元に持っていくと、そのまま何の修正も加えられなかった」ともいいます。

今でこそ9条として定着していますが、2月13日に日本側に渡されたGHQ草案では8条にありました。

ちなみに、9条の発案者は当時内閣総理大臣だった幣原喜重郎だったという説があります。ただ、「本当か？」という疑問も当時からあり、これは議論が分かれるところです。

護憲派からすると都合がいいようで、「幣原が提案したんだから、押し付け憲法じゃない」という文脈で使われることも多い説です。

しかし、憲法は9条だけじゃありませんし、総論としてGHQ草案を脅されながら仕方なく使用せざるをえなかったという事実も覚えておきましょう。

【土壇場の修正】

芦田修正で、「自衛戦争」の解釈が可能に！

「憲法」の話 其の39

GHQの草案を受け取り、日本側がアレンジをしていく過程で見逃せない重要な変更があります。

いわゆる「芦田修正」と呼ばれるものですが、9条に文言が新たに追加されました。すなわち、1項の冒頭部分に「日本国民は、正義と秩序を基調とする国際平和を誠実に希求し」と追加。さらに、2項には「前項の目的を達するため」と追加したのです。

特に、2項に追加された部分が重要です。「自己の安全を保持するための手段」という言葉はカットされたのですが、それでも「陸海空軍その他の戦力は、これを保持してはならない」となっていました。しかしこれだと、いかなる場合においても保持してはいけないと解釈されかねない状況でした。ケーディスが非現実的といってカットした文言がなくても、危機でした。そこで「前項の目的を達するため」を追加することによって、解釈の余地を見込んだのです。

この文言を追加したのは、芦田均が委員長を務める憲法改正小委員会でした。芦田はのちにこの修正の意義を語っています。


私は第九条の二項が原案のままではわが国の防衛力を奪う結果になることを憂慮いたしたのであります。それかといってGHQはどんな形をもってしても戦力の保持を認めるという意向がないと判断しておりました。

そして第二項の冒頭に「前項の目的を達するために」という修正を提議した際にもあまり多くを述べなかったのであります。特定の場合に武力を用いるがごとき言葉を使えば当時の情勢においてはかえって逆効果を生むと信じておりました。修正の辞句はまことに明瞭を欠くものでありますが、しかし私は一つの含蓄をもってこの修正を提案したのであります。

「前項の目的を達するために」という辞句を挿入することによって原案では無条件に戦力を保有しないとあったものが一定の条件のもとに武力を持たないということになります。日本は無条件に武力を捨てるのではないということは明白であります。これだけは何人も認めざるを得ないと思うのです。そうするとこの修正によって原案は本質的に影響されるのであって、従ってこの修正があっても第九条の内容には変化がないという議論は明らかに誤りであります。

（芦田均『制定の立場で省みる日本国憲法入門』）

このように、芦田は「戦力の保持が限定的になるのではないか」との思いで文言を追加したのです。「あくまで戦力の不保持が求められるのは侵略目的ということであり、自衛のためであれば戦力を持ってもオッケー」という理論になります。

芦田修正の意図について、佐藤達夫は思うところがあったようです。そのときの様子を次のように語っています。

この小委員会の修正案が最後の形でまとまるときに、わたしは芦田小委員長に、「こういう形になると、自衛のためには、陸海空軍その他の戦力が保持できるように見えて、司令部あたりでうるさいかも知れませんね」と耳うちしたところ、「なに大丈夫さ」というようなことをいわれたのを覚えている。それにもかかわらず、わたし自身は内心いささか危んでいたのであったが、結果においては、それも無用の心配に終わり、この修正については司令部から何の文句も出なかった。

（佐藤達夫『日本国憲法誕生記』）

そう、ＧＨＱからは苦情がなかったのです。芦田はケーディスにこの案を持っていったところ、すぐにオッケーが出ました。芦田のほうから「ホイットニーに確認しなくていいのか？」というと、「それくらいの修正は自分の裁量内だ」と言われたそうです。

「憲法」の話 其の40

【不思議な規定】

軍人はいないはずなのに……？「文民」条項の追加のナゾ

日本国憲法66条2項には次のように書かれています。

② 内閣総理大臣その他の国務大臣は、文民でなければならない。

なんだか不思議な規定だと思わないでしょうか。「文民」……、逆に、文民以外が存在するのか。日本国憲法の理念としては軍を持たないという建前になっていますから、軍人は存在しません。しかし、なぜあえてこのような文民条項が設けられたのか……。

そこには芦田修正が関わってくるのです。

「国務大臣や内閣閣僚は、シビリアン（文民）でなければならない」との文言を入れろ、ということはかなり早い段階から言われていました。特に極東委員会が政策決定し、マッカーサーが吉田茂に文民条項を入れろと求めました。しかし、吉田は「武装力を放棄した今、軍人自体がいないんだから、そんなもの必要ないじゃないか」と説明して、マッカーサーはこの時点で了承します。

しかし、芦田修正が衆議院を通過して、貴族院に移るとまた文民条項導入が再燃します。極東委員会は芦田修正によって解釈の余地があることに感づいていました。中国の代表タン博士は「戦争目的や国際紛争解決のための威嚇として軍事力の行使を放棄すること以外の目的であれば、軍隊の保持を認められることになるだろう」と言っています。だからこそ、再び文民条項を入れるようにと強く押し付けてきたのです。極東委員会の強い要請だから、司令部でもどうにもならないというわけです。

ここまで何気なく「文民」という言葉を使ってきましたが、そもそも「シビリアン」に相当する言葉を作ろうという話になりました。「文人」だの、「民人」だの、「文官」だの色々なアイデアが出ましたが、結果として「文民」に落ち着いて挿入されました。

第九条　日本国民は、正義と秩序を基調とする国際平和を誠実に希求し、国権の発動たる戦争と、武力による威嚇又は武力の行使は、国際紛争を解決する手段としては、

永久にこれを放棄する。

② 前項の目的を達するため、陸海空軍その他の戦力は、これを保持しない。国の交戦権は、これを認めない。

一読すると「戦力を持ってはいけない」ような感じがしますが、ここまで見てきて、日本国憲法下でも「自衛のための戦力を持つことが解釈として成り立つ」ことがわかると思います。

しかし現在の政府解釈だと、芦田修正を踏まえた解釈ではなく、2項は戦力不保持であるとの認識ですから、自衛隊についても「戦力」とは言わず、「自衛力」と言っています。

「憲法」の話 其の41

【日本共産党の愛国心】

「民族独立のために、9条に反対！」(by日本共産党)

日本共産党といえば、現在では護憲派として有名です。しかし、昭和21年6月29日には、共産党としての憲法草案も発表しています。その中では「天皇」を廃止し、「共和制」を採用しています。

今の共産党は多少日和《ひよ》った感はありますが、やはり本心は「天皇を廃すべきだ」と考えていることでしょう。9条に関しては「守れ！　守れ！」とデモ活動なども活発ですが、実は、共産党は憲法議論が行われているときに9条に反対していたことをご存知でしょうか。

共産党の野坂参三は6月28日の帝国議会で、吉田茂首相に次のように問いました。

「戦争にはふたつあって、侵略戦争はもちろんダメだが、自衛戦争は正しいものだから、戦争一般ではなく、侵略戦争の放棄としたらどうだ」というわけです。

さらに、8月24日の帝国議会では戦争放棄の章について次のように発言しています。

「現在の日本に取つて是は一個の空文に過ぎない、政治的に經濟的に殆ど無力に近い日本が、國際平和の爲に何が一體出來やうか、此のやうな日本を世界の何處の國が相手にするであらうか」

「我々は我が民族の獨立を飽くまで維持しなければならない、日本共産黨は一切を犧牲にして、我が民族の獨立と繁榮の爲に奮闘する決意を持つて居るのであります、要するに當憲法第二章は、我が國の自衞權を抛棄して民族の獨立を危くする危險がある、それ故に我が黨は民族獨立の爲に此の憲法に反對しなければならない」

（第90回帝国議会／昭和21年8月24日「野坂参三の発言」より）

今の日本共産党に聞かせてやりたい言葉です。ちなみに、採決でも共産党の6名は全員が反対に回っています。こうした野坂参三の発言から70年を経た今、すっかり護憲派として定着しているわけですが、そのルーツを私たちは知っておくといいでしょう。

【日本国憲法は暫定的なもの】

「えっ⁉ あの憲法まだ使っていたの？」（byケーディス）

「憲法」の話 其の42

この章では、「日本国憲法ができるまで」の流れをざっくり見てきました。

憲法作りの最初は「押し付け」ではなく、「示唆」からスタートしましたが、いつの間にかGHQが草案を作り、一種の脅迫を持って日本側に押し付けられました。しかし、あくまで占領中に強要されたものですから、作った側も「占領が解かれれば、日本は憲法を変えるだろう」と、つまり「暫定的なもの」だとの認識があったようです。

西修氏は昭和59年（1984）のインタビューで、「GHQ草案を作る中心となったケーディスは、日本国憲法が一度も改正されていないことに大変驚いていた」と述べています。そして、その事実を知ったのが前年（昭和58年）だったともケーディスは告白したといいます。

草案を作った本人が「あの憲法まだ使ってたのか！」と驚くのも当然でしょう。「占領中に、国家の根本たる憲法が変えられる」というのは異常事態なのです。その異常事態のまま、ケーディスへのインタビューから数十年を経た現在まで、一字一句、日本国憲法は手をつけられていません。30数年でもケーディスは驚いていましたから、70年経った今でも変わっていないと知ったら、あの世でひっくり返っていることでしょう。

国会での審議を経たといっても、たったの1週間で草案が作られ、その原則は変えることができなかった日本国憲法。ごまかしの運用を続けて70年。当然ほころびは出まくっているわけですが、護憲派はなかなかそこに目を向けようとしません。というより、改憲派も護憲派も9条の問題ばかりに目がいってしまうので、全体としての議論ができていないのではないでしょうか。

次章では9条はもちろんのこと、それ以外にもある日本国憲法のほころびについて見ていきましょう。

第4章◆日本国憲法の諸問題

議論するところは“9条”だけじゃない！

今の憲法は問題だらけ……
激変する国際情勢、
このままでいいのでしょうか？

「憲法」の話 其の43

【八月革命説】

無理やり日本国憲法を正当化した、「八月革命説」という詭弁

「日本は昭和20年8月に革命が起きたんだ！」

このような話を聞いたら、あなたはどう感じるでしょうか。おそらく大抵は「はぁ？何言ってんだ!?」と思うでしょう。事実、僕自身も最初聞いたとき、「何を言っているんだろう……」と感じましたし、今でもおかしいと思っています。

日本は昭和20年（1945）8月15日、ポツダム宣言を受諾して敗戦しました。ここまでは学校でも習いますし、何ら突っ込みどころはありません。ところが、憲法のベーシックな教科書を見てみると、大抵「日本は昭和20年8月に革命が起きた」といったことが書いてあります。

これを「八月革命説」と言います。どういうことかというと、日本国憲法を正当化するためにひねり出された詭弁《きべん》なのです。

憲法には大抵憲法の改正にまつわる条文が備わっています。ですから、その手続きに従えば改正自体は行えるわけです。現在の日本国憲法だと96条に規定されています。よく「厳しすぎるから改正要件を緩和しよう」などと議論されるアレです。大日本帝国憲法でも、73条に改正規定がありました。

このように改正規定自体は存在するのですが、改正できる範囲については学説が分かれます。

「改正手続きに従えばどのような改正もできますよ」という「憲法改正無限界説」。逆に、「憲法の根幹となるような部分は、改正することによって憲法自体の自殺を意味するから改正できませんよ」とする「憲法改正限界説」。日本では帝国憲法の時代から「根幹となる部分は改正できない」と考えられてきました。フランスの憲法にはこの限界説に基づいて、「共和政体を改正することはできない」との条文が盛り込まれています。

この憲法改正限界説で見てみると、大日本帝国憲法から日本国憲法への移行が説明できなくなります。つまり、根本的な部分が変更されているわけですから、憲法改正限界説で言えば本来はありえないのです。

その矛盾を無理やり正当化するために編み出されたのが、「八月革命説」でした。ざっくりとした概要は次の通りです。

「帝国憲法は天皇主権（ちなみに、天皇主権と帝国憲法には書かれていない）で、戦後国民主権となった。これは天皇から国民へと主権が移動した〝革命〟であって、ポツダム宣言を受諾した時点で発生していた。だから、帝国憲法による改正手続きは形式的な意味でしかない」という理屈です。ですから、ヨーロッパのように民衆が暴動で王を殺害してなどといったことではなく、法理的な〝脳内革命〟なのです。

このように説明しても「何言ってんだ⁉」という感じでしょうが、恐ろしいことに、この八月革命説が通説となっているのです。というより、こういう詭弁を使わないと説明できないのが日本国憲法なのです。

試しに本屋に行って、憲法の本を見てみましょう。たぶん驚かれることでしょう（笑）。でも、この八月革命説は占領軍側からすると、実に都合のいい解釈なのです。

「憲法」の話 其の44

【宮澤俊義の悪影響】

天皇はロボット? 東大憲法学者・宮澤俊義の珍説

「八月革命説」の提唱者は、東大教授の宮澤俊義です。

宮澤は天皇機関説で有名な美濃部達吉の弟子で、昭和9年（1934）に35歳の若さで東京帝国大学教授になります。とても優秀な人物というのは間違いありません。

宮澤教授は敗戦直後、「帝国憲法は改正の必要はなし」と言っていました。ところが、その後どんどん変節していきます。彼はなぜ変節して、「革命が起こった」などという占領軍にとって都合のいいことを言い出したのか。

それは、当時、まだ翻訳されてない「マッカーサー草案」をいち早く見たからだと言われています。

現在、私たちが知っている日本国憲法は、このマッカーサー草案をなんとか「解釈でごまかせるレベル」まで私たちの先輩方が持って行って成立しました。ただ、元がめちゃくちゃなのでいくら取り繕ってもどうにもなりません。

「押し付けではない」とか、「今となってはどうでもいい」とか、「内容がよければいい」とか、何かと起草過程を軽視する人がいますが、憲法とはその国の根幹であり、歴史伝統文化を反映させたものが普通です。

しかし、日本国憲法はそうした趣旨で作られたものでなく、あくまで占領政策の一環として、日本を弱体化させるために作られたもので、日本に対する偏見に満ちています。占領中は「ＧＨＱが憲法草案を作った」などと言うこともできません。日本国憲法の21条2項では「検閲は、これをしてはならない。通信の秘密は、これを侵してはならない」とありますが、草案を作ったＧＨＱが堂々と犯しているのです。

前章でプレスコードを紹介しましたが、当然ＧＨＱ自体への批判は御法度《ごはっと》ですし、東京裁判に対しても、戦勝国に対しても批判はできません。その中に、「ＧＨＱが日本国憲法を起草したことに対する批判」というものもあります。

当時は占領下にありましたから、反抗すれば公職追放が待っています。そうした状況下で、宮澤教授はデタラメな日本国憲法の理論的な柱として、絶対的な存在として日本の憲法会に君臨することになります。そして、宮澤教授の意志は弟子の芦部《あしべ》信喜《のぶよし》東大教授へと引き継がれていくのです。

芦部教授も宮澤教授とともに日本国憲法を語る上では外せない人物でしょう。「宮澤と芦部は日本国憲法を宗教にしてしまった」とも言われています。

それにしても、宮澤教授の、特に天皇に関する変節は目をみはるものがあります。最初は「日本国憲法の下の天皇も君主と説くことが通常」と言っていたはずなのに、いつの間にか君主の地位を持っていないと君主説を否定するようになり、いつの間にか天皇は公務員扱いになります。

極め付けは次の文章です。

天皇の国事行為に対して、内閣の助言と承認を必要とし、天皇は、それに拘束される、とすることは、実際において、天皇を、なんらの実質の権力ももたず、ただ内閣の指示にしたがって機械的に「めくら判」をおすだけのロボット的存在にすることを意味する。そして、これがまさに本条の意味するところである。

（宮澤俊義・芦部信喜／補訂『全訂 日本国憲法』）

初めてこれを見たときは本当に驚いたのですが、日本国憲法を逐条《ちくじょう》解説した『全訂日本国憲法』には本当にこのように書いてあるのです。二度見、三度見しましたが、本当にこのままで誤植などではないようです。

この文章は第3条の解説部分で出てくるのですが……、もう言葉がありません。「天皇に恨みでもあるのか」と思わせるような書き方が随所に出てきます。この「天皇軽視」は現代の憲法学にも継承されてしまっています。

天皇は日本国憲法では「象徴」と規定されています。しかし、実質的に「元首」と言ってても差し支えはないでしょう（宮澤本人も最初はそういう扱いをしていたのに……）。例えば、外国に大使が赴任します。逆に、外国から日本に大使が来ます。そんなときに、こちらの元首から向こうの元首へ信任状を提出する儀式があるのです。この役割を天皇が担っているわけです（当然といえば当然ですが）。

日本はアメリカと「総力戦」を戦いました。つまり、「総力を叩き潰す」という意味での総力戦です。昭和20年8月15日で武力による戦いは終わりましたが、総力戦の仕上げとしての日本国憲法でもありました。

何ら日本の伝統文化を考慮しない無味乾燥な憲法を持って天皇を貶め、組合などを強化して日本人同士を争わせ、日本を弱体化させて二度とアメリカの脅威にならないようにする……。「日本を叩き潰す」という、まさにＧＨＱにとって都合のいいことばかりです。

【東大憲法学】

学べば学ぶほど「護憲派」になる、不思議な日本の憲法学

「憲法」の話 其の45

成立過程もめちゃくちゃで、様々な不備が指摘される日本国憲法ですが、なぜ一字一句の改正も許さないカルト的な護憲派が一定数いるのか……。本来は時代が下ると、新しい考え方や予期せぬ事態が発生しますから、柔軟性を持って考えるのが筋でしょう。

しかし、それすら許さない勢力が常に一定数いるのです。

もはや〝宗教〟としか言いようがない面もありますが、同時に、日本では「真面目に勉強すればするほど、護憲派になっていく」という悲しい現実もあります。

テレビのニュース等で教師が生徒に反安保法の署名をさせたとか、弁護士の団体が安保法に抗議をしているとかいう場面を見たことがあると思います。さらに、日本国憲法は「とりあえず良いもの」として教えられた批判を繰り返します。彼らは曲解に基づいているので、国民も時代を重ねるごとに「護憲」に染まっていきます。

教師や弁護士には、なぜか護憲派が目につくような気がしないでしょうか。もちろん、全部が全部というわけではありません。活動をしている人は目立つので、仕方のない面もありますが――。

「なぜ教職員や弁護士などは左に傾くのか」と考えてみると、やはり東大憲法学の流れがあるのではないでしょうか。日本の憲法を語る上で、やはり主流派は東大憲法学です。そして、その「教祖様」と言ってもいいのが先の宮澤俊義教授です。

学会や東大をはじめとする大学の憲法学者の影響は大きいものです。彼らの学説を学び、そしてそれが通説として公務員試験や司法試験、教員採用試験に登場し、どんな受験や試験でもおよそ「憲法」と名のつくものであれば、主流はそれらの学説に影響を受けざるを得ません。「八月革命説」だって、通説なのです。

試しに大きめの本屋さんに行って、司法試験や公務員試験、教員採用試験の「憲法」のテキストを見てみましょう。主流派である学説を元に構成されていることにすぐに気づくでしょう。つまり、本意とは別でも、八月革命説をはじめ、意味不明な解釈を信奉しなければ、公務員試験にも司法試験にも合格しないのです。

そうした学説を学んだ人々が試験に合格し、全国各地に散らばります。裁判所に、役所に、学校に……、主要なところに入り込んでいくのです。憲法学者だって大抵が宮澤教授の影響を何らかのカタチで受けています。

私たちが受けた学校教育でも、日本国憲法に疑問を持つようなことは基本的にありません。むしろ「人権」やら「戦争放棄」などは、これでもかこれでもかと美点として強調されます。そして帝国憲法をとりあえず貶めます。教師も熱心に日本国憲法を教え、さらに逸脱した教師は安保法反対の署名活動までやる始末です。

こうした流れが脈々と続いていますから、憲法改正の流れができつつあるとはいえ、改憲はなかなか難しいだろうなというのが個人的な感想です。むしろ日本国憲法がデタラメなので、適当に解釈でごまかせてしまっている部分もあります。「9条がありつつも、核武装は可能だ」という解釈があるくらいですし――。

「憲法」の話 其の46

【矛盾している、護憲派憲法学者の主張】

自衛隊は「違憲」。だけど、9条を変えるな？

平成27年（2015）の安保法制の議論のとき、よく反対派は「憲法学者が反対しているんだから」という理由で、安倍政権を批判していました。

学べば学ぶほど護憲派になっていく日本の状況だと、憲法学者に護憲派が多いというのも納得してしまいます。

そんな中、改憲派である駒澤大学名誉教授の西修氏は、憲法学者に蔓延《まんえん》する〝護憲の雰囲気〟を次のように指摘しています。

緊急事態への対処の必要性から、一時的な人権制約の可能性を包含する憲法改正草案が提起されると、護憲学者から立憲主義に反するという大合唱が起る。憲法学者の中には、憲法改正に賛成派が少なからずいるはずであるが、改憲は立憲主義、平和主義、人権の尊重を侵す（各種改正草案は決してそうではないにもかかわらず）という主張の前に立ちすくんでしまい、大きな声で発言できない雰囲気が漂っている感じがする。かつて憲法学は、政府解釈に対抗するという意味で、「抵抗の憲法学」と言われていたが、現代は、何が何でも憲法改正を阻止するという「阻止の憲法学」になっているといえようか。

憲法学者がなぜ、現行憲法の問題点を指摘しないのか。評論家の西部《にしべ》邁《すすむ》氏は、辛《しん》辣《らつ》な憲法学者評を述べている。

「見逃しにできないのは、この憲法の持つ欠陥を先頭に立って発《あば》くのが務めであるはずの憲法学者が、そのほとんどが、憲法擁護そして憲法礼賛に明け暮れしてきたという事実である。それが彼らの愚昧《ぐまい》のせいなのかそれとも打算のせいなのか、たぶん両方なのだろうが」

（西修『憲法改正の論点』）

確かに、護憲派の憲法学者は日本国憲法を礼賛することはあれ、問題点を突こうとはしません。問題点に見えるものは、ごまかしの条文解釈で正当化しているような感があります。

そもそも、ただ護憲を叫ぶために条文解釈をするのであれば、憲法学者である必要性はないでしょう。条文解釈だけでなく、幅広い視点から憲法のあり方について論じていただきたいものです。

平成27年に朝日新聞が行った憲法学者へのアンケートを見ると、意味がわからなくなってきます。この中で「自衛隊の存在は違憲か」という設問がありました。憲法学者の回答は次の通りです。

1、憲法違反にあたる……50人
2、憲法違反の可能性がある……27人
3、憲法違反にはあたらない可能性がある……13人
4、憲法違反にあたらない……28人
5、無回答……4人

このような結果が出たわけですが、そう主張するのであれば、憲法9条の改正を訴えて齟齬《そご》をなくすか、もしくは「自衛隊を廃止しろ」との主張が出てきてもおかしくありません。しかし、「9条改正についてどう考えているか」という設問に対しては次のような回答がありました。

1、憲法9条を改正する必要がある……6人
2、憲法9条を改正する必要がない……99人
3、無回答など……17人

これだけを見ると、「自衛隊は違憲だけど、9条を変えてはいけない」という憲法学者が多いようです。随分と自己矛盾をはらんでいるように思います。学者の言うことを私たちは無批判に受け入れてしまいがちですが、少し疑ってかかる必要があるのかもしれません。

「憲法」の話
其の47

【「前文」問題】

日本国憲法の「前文」はパッチワークだった！

ＧＨＱは急いで（1週間あまりで）憲法草案を作ったので、一つひとつの条項について深く検討する時間がありませんでした。

だから、日本国憲法はなんとか集めてきた各国の憲法を参考にして、それを繋ぎ合わせて作ったパッチワーク（つぎはぎ）でした。特に、「前文」にその特徴を見出すことができるでしょう。

前文といえば、憲法9条とともに学校で暗唱させられることもあるようです。なんとも空想的な理想論が書き立てられています。

日本国民は、恒久の平和を念願し、人間相互の関係を支配する崇高な理想を深く自覚するのであつて、平和を愛する諸国民の公正と信義に信頼して、われらの安全と生存を保持しようと決意した。

「崇高な理想を自覚」して、「平和を愛する諸国民を信頼」していたら、私たちの安全が守られるのでしょうか。なんともまぁ、受け身な言葉です。この文章は、民政局のハッシーがひとりで担当しました。

この前文は「アメリカ合衆国憲法」「リンカーン大統領のゲティスバーグ演説」「マッカーサー・ノート」「米英ソ首脳によるテヘラン宣言」「大西洋憲章」「アメリカ独立宣言」などとの類似性が指摘されています。

翻訳調でロクでもない文章といっても、この前文に関してはGHQがそのまま入れろとの要望もありましたし、本文と違って特に裁判で争点になることもないので、大きな変更がないまま入っています。

しかし、こんなものが我が国の憲法の前文だとは恥ずかしいものです。何しろ、全体を通じて日本の歴史や伝統を感じさせるものがまったくないからです。憲法はその国を表すものです。ところが、こんな「詫び証文」のようなものが長らく日本に浸透してきました。これではいけないと思うのです。

前文を入れるのであれば、やはり「日本はどういう国か」がわかる文章を挿入すべきでしょう。例えば、ひとつの案として「五箇条の御誓文」をそのまま入れるとか――。五箇条の御誓文は、今にも通じる理念でしょう。

昭和天皇は敗戦翌年の昭和21年（1946）1月1日に「新日本建設ニ関スル詔書」を発表します。いわゆる「人間宣言」と呼ばれるものですが、人間宣言とは当時のマスコミがつけたもので、そんな文言は入っていません。

この中で、昭和天皇は五箇条の御誓文を引用されています。つまり、その精神で戦後の新日本を建設していこうというわけです。そうした経緯もありますし、あらためて御誓文の精神を加えるというのもいいのではないでしょうか。

「憲法」の話 其の48

【89条の大きな矛盾】

9条は9条でも、「89条」の問題を知っているか？

本当に、日本国憲法は内容が良いのでしょうか。大抵護憲派と言っても、9条の問題か、あとは人権がどうのこうのしか興味がないように思います。盲信的な護憲派になると、「憲法を変えたら戦争になる」などと根拠のないことを言います。なぜか日本が戦争を仕掛けていくような感じで言うのです。余計に意味がわかりません。

逆に、改憲派は改憲派で9条の問題に熱心です。安全保障の根幹に関わる部分ですから当然といえば当然なのですが、日本国憲法を9条の問題に矮小化《わいしょうか》しているとも言えます。

問題は、9条だけではないのです。

護憲派の主張として、「福祉を充実させよ」というものがあります。教育や介護などの負担を減らせというものです。ただ、そうした権利の拡張を訴える護憲派だからこそ、

「改憲を訴えるべきじゃないか?」と思われる点もあります。

例えば、憲法89条の問題です。特に、教育において大きな矛盾をはらんでいるのですが、まずは条文を見てみましょう。

第八十九条　公金その他の公の財産は、宗教上の組織若しくは団体の使用、便益若しくは維持のため、又は公の支配に属しない慈善、教育若しくは博愛の事業に対し、これを支出し、又はその利用に供してはならない。

要は、「公金を公の支配の及ばないところに使っちゃダメですよ」ということです。この条文を見てある疑問が湧いてこないでしょうか。そう、「私学助成金はどうなの?」ということです。

私学とは「自由な立場だからこそ意味がある」という面があります。しかし、実態は多くの私立学校が助成金を受け取っているのです。そうなると公権力の介入を招く可能性があり、「教育事業の自主性はどうなんだ」との問題も出てきます。

日本大学や早稲田大学などは、年間約100億円の助成金を受け取っています。が、その見返りに官僚が天下りしていると指摘されています。おそらく大学側は、官僚だのは関係なく「必要だから採用した」と言い訳するのでしょうが、明らかに不自然です。これでは自主性も何もないでしょう。

一方で、特に現代は「少子高齢化で大学もやっていけません」という現実的な理由もあります。だからこその助成なのですが、憲法89条を見るとやはり矛盾を感じてしまうのです。

普通に読むと私学助成はＮＧですが、現状は公の支配をゆるく解釈して運用しています。

政府は、「公の機関がその事業に対しまして、事業の内容とか、団体でありますとか構成だとか、人事というようなものにつきまして、具体的に発言干渉ができるような特別な、公けの機関と特別な関係にある場合」、「公の支配」に属するといえると解している（答弁集４９１）。

（木下智史・只野雅人／編『新・コンメンタール憲法』）

政府答弁を見ると、「この89条は相当厳しい」という認識を持っているようです。昭和46年（1971）3月3日の参議院予算委員会で、内閣法制局長官高辻正巳《たかつじまさみ》は次のように答弁しています。

「憲法八十九条の御指摘でございますが、憲法八十九条の問題は、確かに率直に言って実は弱る規定であります。憲法調査会でも、あまり政治的でない、まあ実務的な、あるいは国情に合った憲法の規定を考えるという意味合いにおいて憲法改正論を考えます場合に、最初に出てくるのが八十九条であると言ってもいいぐらいに八十九条は問題だと私も思います」

政府自ら「弱る規定」であると認めているのです。こうした問題点すら放置し続けているのが日本国憲法の実態です。

護憲派の中には、「朝鮮学校も平等に助成すべきだ」などと言う人がいます。現状のようにゆるく解釈して制限を設けた上で日本の私学に助成することはできても、朝鮮学校はまったく公の支配に属していないので、明らかに憲法にも抵触するでしょう。

89条ひとつとっても矛盾をはらんでいるわけです。何も僕は私学助成をやめろと言っているわけではありません。このあたりは、改憲によって不都合が出ないようにすべきでしょう。権利の拡張を訴える護憲派こそ、こうした矛盾を指摘しなければいけないはずです。さすがに護憲派も「この条文を変えたら戦争になる！」とは言わないでしょう。いや、言う人もいそう……。

それにしても不思議なものです。憲法9条に関してはやたらと厳格に解釈しよう、させようとする護憲派ですが、こうした規定についてはゆるく解釈されていても何ら声を上げません。結局はイデオロギーに基づいて憲法が語られているのだろうと考えてしまいます。

「憲法」の話 其の49

【7条の間違い】

日本国憲法には明らかな〝誤植〟がある

「憲法に誤植？　はぁ？」と思われた方もいるでしょう。憲法とは国家の最も重要な法として存在します。しかし、日本国憲法には明らかに必要のない文字、〝誤植〟が存在するのです。

憲法7条は「天皇の国事行為」について定めたものです。その4項には「国会議員の総選挙の施行を公示すること」とあります。衆議院と参議院がある中で、その両方を総選挙と規定していると読めます。

衆議院の選挙といえば、総とっかえになりますから「総選挙」で何ら問題ありません。一方で参議院は衆参同時選挙になったところで、半数ずつの改選となる通常選挙です。総選挙ではないですし、ありえないのです。

しかし、「衆議院の最初の選挙は、初めてなんだから当然、総選挙なのでは？」との疑問も出てくるはずです。確かに、第1回の参議院議員選挙は全員が新たに選ばれました。こうみると総選挙のように見えますが、実施されたのは昭和22年（1947）の4月20日です。日本国憲法は公布されていましたが、施行されておらず帝国憲法下での選挙だったのです。

実際に施行した後は当然、すべて半数づつ改選の通常選挙ですから、やはり総選挙はありません。つまり、「総」の文字はいらないというわけです。「総選挙」ではなく、「選挙」としておけばこんなことにはならなかったでしょう。

なぜこんなことになったのか、実に不思議な話です。一説によれば、当初GHQ案では一院制を想定していたため、衆議院のみであれば「総選挙」でも間違いではありませんでした。その後の調整で二院制になるわけですが、うっかり一院制を想定していた最初の文言が残ってしまったといいます。

考えてみると、たった一文字の誤植すら70年間削ることがなかったと考えると、呆れを通り越して笑えてきます。

「憲法」の話 其の50

【重複した内容】

「11条」と「97条」は条文の内容がかぶっている

条文を読んでいると、「なんだか似ているなぁ」というものが見えてきます。それが〝人権〟について書かれた「11条」と「97条」です。まず見てみましょう。

第十一条　国民は、すべての基本的人権の享有を妨げられない。この憲法が国民に保障する基本的人権は、侵すことのできない永久の権利として、現在及び将来の国民に与へられる。

第九十七条　この憲法が日本国民に保障する基本的人権は、人類の多年にわたる自由獲得の努力の成果であつて、これらの権利は、過去幾多の試錬に堪へ、現在及び将来の国民に対し、侵すことのできない永久の権利として信託されたものである。

「侵すことのできない永久の権利である」と、わざわざ2回も強調して書いているのです。なぜこのように重複したような内容になったのでしょうか。
実は「三月五日案」作成のときに次のようなやりとりがあったと、佐藤達夫は証言しています。

マ草案第十条の「此ノ憲法ニ依リ日本国ノ人民ニ保障セラルル基本的人権ハ人類ノ自由タラントスル積年ノ闘争ノ結果ナリ時ト経験ノ坩堝ノ中ニ於テ永続性ニ対スル厳酷ナル試練ニ克ク耐ヘタルモノニシテ永世不可侵トシテ現在及将来ノ人民ニ神聖ナル委託ヲ以テ賦与セラルルモノナリ」というのに対し、日本案では、これと、マ草案の第九条とを一本にまとめて、

第十条　国民ハ凡テノ基本的人権ノ享有ヲ妨ゲラルルコトナシ。
此ノ憲法ノ保障スル国民ノ基本的人権ハ其ノ貴重ナル由来ニ鑑ミ、永遠ニ亙ル不可侵ノ権利トシテ現在及将来ノ国民ニ賦与セラルベシ。

としていたのであったが、「なぜこのように改めたか」という質問を受けた。これに対して、「こう言った歴史的・芸術的な表現は日本の法文の体に合わぬ」と答えた

ところ、先方は一応了承したのであったが、しばらくしてから、「実は、あの条文はホイットニー将軍が自ら筆をとった自慢のものだから、なんとかしたい。せめて後の章にでもいいから入れてもらいたい」と申し入れて来た。とにかく、条文の趣旨そのものは悪くないし、それならば、というわけで第十章の最高法規の中に移すこととしたのであった。現在の九七条がそれであるが、今から考えると、どうせ残すのならば、第三章においてもよかったという気がする。

（佐藤達夫『日本国憲法誕生記』）

そう、最初は「ホイットニーの自慢の条文だから」ということで文言を調整して挿入された規定だったのです。「知らね〜よ！」という感じですが、その結果、現在の11条と97条に似たような規定が両方入ることになりました。

宮澤俊義も、97条に関しては次のように述べています。

本条と同じ趣旨の規定は、マッカーサー草案では、基本的人権の章のはじめにあった（マ草案十条）が、内閣要綱以来、それが本条となり、別に、同じような意味の規定が今の第一一条として設けられたのである。

こうなったことの十分な理由は、見出しがたい。本条は、その内容からいって、まさしく第三章のはじめにあるべき性質のものであり、「最高法規」の章にあることは、おそらくその位置を誤ったものと評すべきである。

（宮澤俊義・芦部信喜／補訂『全訂 日本国憲法』）

憲法学者は成り立ちがどうこうよりも、条文としてあるものを解釈していきます。ですから、現在は次のようなことで97条を説明することがあります。「97条は憲法がなぜ最高法規なのかを説明する、実質的な根拠を示している」と。

後付けで解釈はいくらでもできますが、成り立ちとして、ホイットニーの自慢の条文だったから入れたというのをおさえておかえないと、言いくるめられてしまいそうです。「いやいや、本当に大事なことなんだから念を押しているんじゃないか?」と思われる方がいるかもしれません。しかし、重要だから重複させるという理念ならば、「憲法というものはすべて大事なのですから、すべて2回書いておけよ」と屁理屈を言うことができます。１回書いておけばいいのです。

このようにかぶっている規定ですから、全体の良し悪しは別にして、「自民党改憲草案」でもこの97条の規定はカットされています。これをとって、護憲派からの「自民党は人権をないがしろにしようとしている」という的外《まとはず》れな指摘もあります。そうではなく、重複しているからカットしただけのことなのです。

【激変する国際情勢】

日本国憲法で、日本の平和を守れるのか？

「憲法」の話 其の51

国際社会の状況は、刻一刻と変化しています。

例えば、かつては冷戦構造がありました。アメリカとソ連という2大国があり、それぞれの国がそれぞれの陣営に分かれていた時代です。アメリカもソ連も核兵器を保有していましたから、直接対決すると世界が滅びる恐れがありました。ですから争いは直接的ではなく、朝鮮戦争やベトナム戦争など、「代理戦争」というカタチで争われました。

そうした戦争がありつつも、ある意味2カ国がにらみ合っている以上、安定している時代でもあったのかもしれません。そんな中、日本は軍事をアメリカに依存することによって高度経済成長を成し遂げます。この時代は図らずも憲法9条がいい意味で日本の経済成長に貢献した面があるように思います。

日本国憲法はＧＨＱが草案を作って、脅迫しながら押し付けたものですが、マッカーサーは「失敗した」と思ったはずです。「朝鮮戦争」で、マッカーサーは日本の重要性を認識しました。アメリカの日本駐留軍は戦争に向かうため、日本の守りが手薄になります。自分たちが作った憲法9条があるから一緒に戦うことはできないし、それでいて手薄になる守りに強化する必要にも迫られます。そこで「警察予備隊」を作らせ、「保安隊」、そして「自衛隊」へと改組していくことになります。

以来、日本は9条を持ちながら自衛隊を維持してきました。もちろん、成立過程を見てわかるように、自衛のための戦力は「解釈」で持つことが可能になっています。しかし、様々な学説があるため、自衛隊の存在自体の不遇さといったらありません。

ソ連が崩壊して冷戦構造が崩壊すると、アメリカの一強時代がしばらく続きます。ところが、アメリカも経済状況が徐々に悪化。リーマンショック等もあり、あまり外にも出て行けません。そんな中、台頭してきたのが中国です。経済が発展し、軍事費を毎年毎年10％程度延ばしてきました。

人工島の建設や、尖閣《せんかく》沖への侵入など、アジア太平洋地域を脅かす存在として懸念の材料になっています。こうした状態の中、私たちは安全保障についてしっかりと向き合わなければいけないでしょう。

護憲派は「そんなこと言ったって、今さら中国が攻めてくるわけないじゃないか」と言います。ところが、現実の行動として、日本の海も空も脅かされているのです。もっと酷いのは、「9条があって、こちらが攻める意思を見せてないのに、攻めてくるわけないじゃないか」というものです。しかし、自分が相手を殴る、殴らないという意志は、悪意のある相手にとってはまったく関係ないことです。いくらこちらからは手を出さないと言っても、相手が殴りたいと思えばこちらは殴られます。関係ないのです。

だからこそ、安全保障についてもっと考えなければいけません。平成27年には安保法制が可決され、アメリカとの関係をより強化していくことが確認されました。日米関係が重要なのはその通りですし、実際問題として戦後の日本は日米関係があったからこそ安定していたと言えます。決して9条のおかげではありません。

文芸評論家の江藤淳《えとうじゅん》は交戦権を否定した9条2項を「主権制限条項である」と指摘しています。その主権が制限された中で、日本はアメリカに軍事を依存してきました。アメリカが主権者のような状態が戦後70年以上ずっと続いているのです。

アメリカに日本が今も支配されている証左と言いますか、日本の裁判所も米軍絡みの訴訟になると「統治行為論」と言って、判断を下しません。統治行為論とは「政治的に高度すぎる問題だから、ウチじゃ判断できね～よ」ということです。これで、日本は本当の独立国と言えるでしょうか。

実際にアメリカ軍は日本の意思に関係なく、勝手に動くことがあります。「東日本大震災」のときにも、勝手に仙台空港で修繕を行っていました。善意だからいいと取るべきなのかもしれませんが、これが悪いほうに向くと日本は大変なことになります。

台頭する中国、米大統領もドナルド・トランプへと変わり、国際情勢も一寸先は闇です。やはり日米の同盟関係を維持しつつ、日本が独自に動けるような体制を整備しておくのは重要です。同盟国といっても、所詮《しょせん》は他国です。自分たちに利益がないと思えば引いていくでしょう。最後に自分の国を守れるのは、自分たちしかいません。

日本の真の意味での独立のためにも、憲法の改正は必ず考えるべきテーマになってきます。もちろん解釈でごまかせる部分もありますが、限界があります。そして同時に、「予算の拡充」など改正を経なくてもできることをやる必要があります。条文だけでなく、予算を拡充することによって実態を強くすることも重要なのです。

問題は山積みです。しかし、私たちは憲法の議論から逃げてはいけません。

あとがき　～「日本国憲法」を見直すときが来た！

本書ではかなり駆け足で憲法について見てきました。「憲法とは何か」「帝国憲法とは？」「日本国憲法とは？」、そして「その問題点とは？」……などとやっていくと、個別に何冊もの本になってしまいます。

そのため、個別のエピソードについてあまり深い部分まで掘り下げてはいないので、物足りないと思われた方もいるでしょう。しかし、まずは我々国民が憲法を知ることが肝要だと思うのです。だからこそ、多少すっ飛ばしながらも憲法問題について考えるきっかけになってくれればと思い、本書を執筆しました。

普通に学教教育を受けて、普通に社会に出て、ニュースを見て情報を得て……、このような普通の生活をしていると、憲法について疑問を持つこと自体が少ないように思います。

教育現場では「日本国憲法の理念は素晴らしい」と教えられるでしょう。普通、先生が間違ったことを言うとは思いません。しかし、ここに大きな罠が潜んでいます。

日本国憲法は素晴らしいと教えられる一方、帝国憲法は徹底的に貶められています。憲法改正を議論するのであれば、やはり偏見を捨てて帝国憲法を見直すことも必要でしょう。

第2章で見てきたように、帝国憲法は古典を研究し、その中から生まれました。しかし、日本国憲法にそういった見地はないのです。

第3章で見たように、日本国憲法の草案はＧＨＱが作りました。これはまぎれもない事実です。法文の体《てい》をなしていないデタラメなものを、なんとか使えるようにしたのが今の日本国憲法です。もらった料理のレシピがあまりに酷いから味の調整をしてなんとか食べられるようにした感じです。

たとえると、脅迫されながら「ゴキブリのデスソースピザ」のレシピを押し付けられ、それを元に作って食べる羽目になったと。原則は変えられぬままデスソースの量とか、ゴキブリの切り方をいじったところで、それが自分のオリジナル料理とは言えないみたいな話です。味の調整はできても、レシピ自体は日本製じゃない。

そうして脅迫されながらなんとか作った憲法はもう70年の月日が流れています。押し付けから、押し頂いてしまった日本人にも大きな問題がありますし、憲法改正の機運が高まってきたとはいえ、改正についてまだまだ国民の同意を得ていないでしょうから、改正自体は遠い日だろうと考えています。

国民に憲法議論がもっともっと浸透するまで、結局ごまかしの解釈を続けながら運用していくしかありません。

日本国憲法は、9条にしても、いかようにでも解釈できてしまう代物《しろもの》です。政府解釈だと核武装も可能ですし、明らかにこちらにミサイルを撃ってくるという確実な状況であれば、専守防衛の立場で先制攻撃をすることができることになっています(策源地《さくげんち》攻撃)。

しかし、昨年の安保法制の議論を見ていてもわかりますが、「解釈」だけではもうさすがに無理があるでしょう。

もちろん、集団的自衛権にしても、最低限度であって、憲法から逸脱《いつだつ》するとは思いませんが、いい加減根本である憲法から見直す必要があります。

＊

執筆にあたっては、また締め切りを大幅に遅れてしまいました。担当のＫＫベストセラーズ武江浩企さんには本当に申し訳ないと、猛省しているところです。

歴史伝統に根ざした憲法の議論が普通にできる社会を願いつつ、この本がそのために少しでも役に立てば幸いです。

平成二八年師走

ＫＡＺＵＹＡ

主要参考文献

『日本憲法史（第２版）』大石眞（有斐閣）
『日本国憲法誕生記』佐藤達夫（中央公論新社）
『日本国憲法を生んだ密室の九日間』鈴木昭典（ＫＡＤＯＫＡＷＡ／角川学芸出版）
『日本国憲法の真実 偽りの起草者ベアテ・シロタ・ゴードン』高尾栄司（幻冬舎）
『図説　日本国憲法の誕生』西修（河出書房新社）
『世界の憲法を知ろう 憲法改正への道しるべ』西修（海竜社）
『憲法改正の論点』西修（文藝春秋）
『日本国憲法成立過程の研究』西修（成文堂）
『間違いだらけの憲法改正論議』倉山満（イースト・プレス）
『誰が殺した？日本国憲法！』倉山満（講談社）
『帝国憲法物語』倉山満（ＰＨＰ研究所）
『帝国憲法の真実』倉山満（扶桑社）
『本当は恐ろしい日本国憲法』長谷川三千子・倉山満（ビジネス社）
『だから、改憲するべきである』岩田温（彩図社）
『正論ＳＰ 日本国憲法１００の論点』産経新聞社（産経新聞出版）
『立憲非立憲』佐々木惣一（講談社）

『明治憲法の真実』伊藤哲夫（致知出版社）
『明治の御代―御製とお言葉から見えてくるもの』勝岡寛次（明成社）
『日本人に「憲法」は要らない』西村幸祐（ＫＫベストセラーズ）
『あたらしい憲法のはなし』文部省
『日本人のための憲法原論』小室直樹（集英社インターナショナル）
『國破れてマッカーサー』西鋭夫（中央公論新社）
『一九四六年憲法―その拘束』江藤淳（文藝春秋）
『「憲法改正」の真実』樋口陽一・小林節（集英社）
『不毛な憲法論議』東谷暁（朝日新聞出版）
『制定の立場で省みる日本国憲法入門』芦田均（書肆心水）
『日本人のための憲法改正Ｑ＆Ａ』櫻井よしこ＋民間憲法臨調（産経新聞出版）
『国民の憲法』産経新聞社（産経新聞出版）
『ＧＨＱの検閲・諜報・宣伝工作』山本武利（岩波書店）
『日本人を狂わせた洗脳工作 いまなお続く占領軍の心理作戦』関野通夫（自由社）
『新・コンメンタール憲法』木下智史・只野雅人／共編（日本評論社）
『あたらしい憲法のはなし』宮澤俊義
『全訂 日本国憲法』宮澤俊義・芦部信喜／補訂（日本評論社）
『憲法』芦部信喜・高橋和之／補訂（岩波書店）

巻末付録 I

大日本帝国憲法

（明治22年2月11日公布）
（明治23年11月29日施行）

大日本帝国憲法（原文）

告文

皇朕レ謹ミ畏ミ
皇祖皇宗ノ神靈ニ誥ケ白サク皇朕レ天壤無窮ノ宏謨ニ循ヒ惟神ノ寶祚ヲ承繼シ舊圖ヲ保持シテ敢テ失墜スルコト無シ顧ミルニ世局ノ進運ニ膺リ人文ノ發達ニ隨ヒ宜ク
皇祖皇宗ノ遺訓ヲ明徵ニシ典憲ヲ成立シ條章ヲ昭示シ内ハ以テ子孫ノ率由スル所ト爲シ外ハ以テ臣民翼贊ノ道ヲ廣メ永遠ニ遵行セシメ益々國家ノ丕基ヲ鞏固ニシ八洲民生ノ慶福ヲ増進スヘシ茲ニ皇室典範及憲法ヲ制定ス惟フニ此レ皆
皇祖皇宗ノ後裔ニ貽シタマヘル統治ノ洪範ヲ紹述スルニ外ナラス而シテ朕カ躬ニ逮テ時ト倶ニ擧行スルコトヲ得ルハ洵ニ

大日本帝国憲法（現代語訳）

告文

先祖の霊を受け継ぐ私は、初代神武天皇と歴代天皇の尊い霊の前に謹み畏まって誓う。

私は永遠に続く広大な計画に従い、先祖より皇位を継承し、我が国の伝統を保持し、決して失墜することがないようにし、我が国の歴史をかえりみ、世の中の進歩や流れによる人道や科学の発達に従い、（同時に）よく先祖の遺訓を明らかにし、皇室典範と帝国憲法を制定し、その章と条文でわかりやすく示し、我が皇室では私の子孫が従うよりどころとし、我が国の臣民には皆が従うべき道を広めて永遠に守り、ますます国家の基礎を強固にし、日本国の民の幸福を増進する。そのため、ここに皇室典範および帝国憲法を制定する。

皇祖皇宗及我カ皇考ノ威靈ニ倚藉スルニ由ラサルハ無シ皇朕レ仰テ皇祖皇宗及皇考ノ神祐ヲ祷リ併セテ朕カ現在及將來ニ臣民ニ率先シ此ノ憲章ヲ履行シテ愆ラサラムコトヲ誓フ庶幾クハ神靈此レヲ鑒ミタマヘ

第一章　天皇

第一条
大日本帝國ハ萬世一系ノ天皇之ヲ統治ス

第二条
皇位ハ皇室典範ノ定ムル所ニ依リ皇男子孫之ヲ繼承ス

第三条
天皇ハ神聖ニシテ侵スヘカラス

第四条
天皇ハ國ノ元首ニシテ統治權ヲ總攬シ此ノ憲法ノ條

深く考えるに、これは皆先祖が私たち子孫に遺し給われた統治の規範を詳しく書いたに他ならない。そうして、私自身の番となったとき、このような形でとり行うことができるようになったことは、本当に先祖および父上のご威光に頼ってきたおかげである。

私は仰いで先祖および父上の神がかった力の助けを祈願し、あわせて私の現在、および未来の臣民に率先してこの憲章を実行して、これを誤ることのないようにすることを誓う。

願わくば、皇室を守られてきた神々よ、先祖よ、私を見守りたまえ。

第一章　天皇

第一条
大日本帝国は、一度も途切れることなく続いてきて今後も途切れることがない皇室を継いでいる天皇がこれを統治する。

規ニ依リ之ヲ行フ
第五条
天皇ハ帝國議會ノ協贊ヲ以テ立法權ヲ行フ
第六条
天皇ハ法律ヲ裁可シ其ノ公布及執行ヲ命ス
第七条
天皇ハ帝國議會ヲ召集シ其ノ開會閉會停會及衆議院ノ解散ヲ命ス
第八条
一　天皇ハ公共ノ安全ヲ保持シ又ハ其ノ災厄ヲ避クル爲緊急ノ必要ニ由リ帝國議會閉會ノ場合ニ於テ法律ニ代ルヘキ勅令ヲ發ス
二　此ノ勅令ハ次ノ會期ニ於テ帝國議會ニ提出スヘシ若議會ニ於テ承諾セサルトキハ政府ハ將來ニ向テ其ノ効力ヲ失フコトヲ公布スヘシ

第二条
天皇の位は、皇室典範の規定に従って、男系男子がこれを継承する。
第三条
天皇は神聖であって、侵してはならない。
第四条
天皇は国の元首であって、統治権をすべて持っており、この憲法の条文に従い統治権を行使する。
第五条
天皇は帝国議会が賛成したとき、立法権を行使できる。
第六条
天皇は法律に書名して判を押し、その公布と執行をその名前で命じる。
第七条

第九条
天皇ハ法律ヲ執行スル爲ニ又ハ公共ノ安寧秩序ヲ保持シ及臣民ノ幸福ヲ増進スル爲ニ必要ナル命令ヲ發シ又ハ發セシム但シ命令ヲ以テ法律ヲ變更スルコトヲ得ス

第十条
天皇ハ行政各部ノ官制及文武官ノ俸給ヲ定メ及文武官ヲ任免ス但シ此ノ憲法又ハ他ノ法律ニ特例ヲ掲ケタルモノハ各々其ノ條項ニ依ル

第十一条
天皇ハ陸海軍ヲ統帥ス

第十二条
天皇ハ陸海軍ノ編制及常備兵額ヲ定ム

第十三条
天皇ハ戰ヲ宣シ和ヲ講シ及諸般ノ條約ヲ締結ス

天皇はその名前で帝国議会を召集し、開会、閉会、停会、衆議院の解散を命じる。

第八条
一　天皇は公共の安全を保ち、またはその災いを避けるため、緊急の必要があるときに限って、しかも帝国議会が閉会して開けない場合、法律に代わる緊急勅令を発する。
二　緊急勅令は枢密院で認められたら発せられるが、次の会期で帝国議会に提出しなければならない。もし議会が承諾しないときは、政府は、いったん発した緊急勅令であっても、近い将来にその効力を失うことを公告しなければならない（事実上はその効力はなくなる）。

第九条
天皇は法律を実行するため、または秩序を守り、国民の幸福を増進するため、必要な命令を発し、あるいは臣下に発させる。ただし、政府だけで出せる命令で、議会で決めた法律を変更することはできない。

第十四条
一　天皇ハ戒嚴ヲ宣告ス
二　戒嚴ノ要件及効力ハ法律ヲ以テ之ヲ定ム
第十五条
天皇ハ爵位勳章及其ノ他ノ榮典ヲ授與ス
第十六条
天皇ハ大赦特赦減刑及復權ヲ命ス
第十七条
一　攝政ヲ置クハ皇室典範ノ定ムル所ニ依ル
二　攝政ハ天皇ノ名ニ於テ大權ヲ行フ

第二章　臣民權利義務

第十八条
日本臣民タル要件ハ法律ノ定ムル所ニ依ル
第十九条
日本臣民ハ法律命令ノ定ムル所ノ資格ニ應シ均ク文

第十条
天皇は行政の制度や軍人と官僚の給料を定め、任命したり罷免したりする。ただし、この憲法と法律に特例がある場合はそちらを優先する。
第十一条
天皇は陸海軍の最高指揮権を持っている。
第十二条
天皇は陸海軍の組織と人員・物資・予算の量を定める。
第十三条
天皇は戦いを宣言し、戦いをやめる約束をし、外国との条約を結ぶ。
第十四条
一　天皇は戒厳状態（軍刑法を一般刑法に優先させる状態）を宣言する。
二　戒厳の条件と効力は、議会が定める法律で決め

武官ニ任セラレ及其ノ他ノ公務ニ就クコトヲ得

第二十条
日本臣民ハ法律ノ定ムル所ニ従ヒ兵役ノ義務ヲ有ス

第二十一条
日本臣民ハ法律ノ定ムル所ニ従ヒ納税ノ義務ヲ有ス

第二十二条
日本臣民ハ法律ノ範圍内ニ於テ居住及移轉ノ自由ヲ有ス

第二十三条
日本臣民ハ法律ニ依ルニ非スシテ逮捕監禁審問處罰ヲ受クルコトナシ

第二十四条
日本臣民ハ法律ニ定メタル裁判官ノ裁判ヲ受クルノ權ヲ奪ハル、コトナシ

る。

第十五条
天皇は爵位と勲章と栄典を授ける。

第十六条
天皇は大赦・特赦・減刑・復権を命じる。

第十七条
一　天皇の代わりの摂政を置くときは皇室典範に従う。
二　摂政は天皇の名前で、天皇の大権を代わりに行使する（儀礼を行う）。

第二章　臣民権利義務

第十八条
日本国民の条件は国籍法で決める。

第十九条
日本国民は、法律と命令で定めた資格に応じて官僚

第二十五条
日本臣民ハ法律ニ定メタル場合ヲ除ク外其ノ許諾ナクシテ住所ニ侵入セラレ及捜索セラルヽコトナシ

第二十六条
日本臣民ハ法律ニ定メタル場合ヲ除ク外信書ノ祕密ヲ侵サルヽコトナシ

第二十七条
一　日本臣民ハ其ノ所有權ヲ侵サルヽコトナシ
二　公益ノ爲必要ナル處分ハ法律ノ定ムル所ニ依ル

第二十八条
日本臣民ハ安寧秩序ヲ妨ケス及臣民タルノ義務ニ背カサル限ニ於テ信教ノ自由ヲ有ス

第二十九条
日本臣民ハ法律ノ範圍內ニ於テ言論著作印行集會及結社ノ自由ヲ有ス

や軍人その他の公務員になることができる。

第二十条
日本国民には兵役の義務があり、具体的なことは法律で決める。

第二十一条
日本国民には納税の義務があり、具体的なことは法律で決める。

第二十二条
日本国民には法律に反しない限り、居住地を移動する自由がある。

第二十三条
日本国民を逮捕・監禁・審問・処罰するときは法律に従わなければならない。

第二十四条
日本国民は、行政権力から独立した裁判官の刑事裁

第三十条
日本臣民ハ相當ノ敬禮ヲ守リ別ニ定ムル所ノ規程ニ従ヒ請願ヲ爲スコトヲ得

第三十一条
本章ニ掲ケタル條規ハ戰時又ハ國家事變ノ場合ニ於テ天皇大權ノ施行ヲ妨クルコトナシ

第三十二条
本章ニ掲ケタル條規ハ陸海軍ノ法令又ハ紀律ニ牴觸セサルモノニ限リ軍人ニ準行ス

第三章　帝国議会

第三十三条
帝國議會ハ貴族院衆議院ノ兩院ヲ以テ成立ス

第三十四条
貴族院ハ貴族院令ノ定ムル所ニ依リ皇族華族及勅任セラレタル議員ヲ以テ組織ス

判を受ける権利を奪われることはない（その裁判なくして刑罰を下されることはない）。

第二十五条
日本国民は、法律で定めた場合以外では家宅捜索をされない。

第二十六条
日本国民は、法律に定めた例外を除けば、信書の秘密を侵されない。

第二十七条
一　日本国民は、その財産権を犯されることはない。
二　皆のために必要な場合は、法律によってその財産を取り上げることもある。

第二十八条
日本国民は、人に迷惑をかけない限り、また、当たり前の道徳に背かない限り、心のなかでどんな宗教を信じていても自由である（いかなる権力もこの権

第三十五条
衆議院ハ選擧法ノ定ムル所ニ依リ公選セラレタル議員ヲ以テ組織ス

第三十六条
何人モ同時ニ兩議院ノ議員タルコトヲ得ス

第三十七条
凡テ法律ハ帝國議會ノ協贊ヲ經ルヲ要ス

第三十八条
兩議院ハ政府ノ提出スル法律案ヲ議決シ及各〻法律案ヲ提出スルコトヲ得

第三十九条
兩議院ノ一ニ於テ否決シタル法律案ハ同會期中ニ於テ再ヒ提出スルコトヲ得ス

第四十条
兩議院ハ法律又ハ其ノ他ノ事件ニ付キ各〻其ノ意見

利に干渉してはならない）。

第二十九条
日本国民は、法律に反しない限り、言論・著作・印刷などの表現の自由と、集会・結社など政治活動の自由がある。

第三十条
日本国民は、相応の敬意と礼節を守り、別に定めた規程に従えば、請願を行うことができる。

第三十一条
第二章に掲げた条文は、戦時または国家事変のような有事において天皇大権の施行を妨げるものではない。

第三十二条
第二章の臣民の権利義務に関する規定は、陸海軍の法令や紀律に抵触しないものに限り、軍人に準用する。

ヲ政府ニ建議スルコトヲ得但シ其ノ採納ヲ得サルモノハ同會期中ニ於テ再ヒ建議スルコトヲ得ス

第四十一条

帝國議會ハ毎年之ヲ召集ス

第四十二条

帝國議會ハ三箇月ヲ以テ會期トス必要アル場合ニ於テハ勅命ヲ以テ之ヲ延長スルコトアルヘシ

第四十三条

一　臨時緊急ノ必要アル場合ニ於テ常會ノ外臨時會ヲ召集スヘシ

二　臨時會ノ會期ヲ定ムルハ勅命ニ依ル

第四十四条

一　帝國議會ノ開會閉會會期ノ延長及停會ハ兩院同時ニ之ヲ行フヘシ

二　衆議院解散ヲ命セラレタルトキハ貴族院ハ同時ニ停會セラルヘシ

第三章　帝国議会

第三十三条

帝国議会は貴族院と衆議院の両院で構成される。

第三十四条

貴族院は貴族院令の規定に従って、皇族・華族および勅任された議員で組織する。

第三十五条

衆議院は選挙法の定めにより選挙された議員で組織する。

第三十六条

誰も同時に両議院の議員であることはできない。

第三十七条

すべての法律は、帝国議会の同意を得なければ成立しない。

第三十八条

第四十五条
衆議院解散ヲ命セラレタルトキハ勅命ヲ以テ新ニ議員ヲ選擧セシメ解散ノ日ヨリ五箇月以内ニ之ヲ召集スヘシ

第四十六条
兩議院ハ各〻其ノ總議員三分ノ一以上出席スルニ非サレハ議事ヲ開キ議決ヲ爲ス事ヲ得ス

第四十七条
兩議院ノ議事ハ過半數ヲ以テ決ス可否同數ナルトキハ議長ノ決スル所ニ依ル

第四十八条
兩議院ノ會議ハ公開ス但シ政府ノ要求又ハ其ノ院ノ決議ニ依リ祕密會ト爲スコトヲ得

第四十九条
兩議院ハ各々天皇ニ上奏スルコトヲ得

両議院は政府の提出する法律案を議決することが仕事であり、それぞれ法律案を提出することができる。

第三十九条
衆議院か貴族院のどちらかが否決した法律案は、その会期の間は再提出できない。

第四十条
貴族院も衆議院も、法律について、またはその他何か事件が起きたときに、院としての意見を政府に建議することができる。ただし、そこで採用されなかったことをもう一度同じ会期内に建議することはできない。

第四十一条
帝国議会は毎年召集する。

第四十二条
帝国議会の会期は三ヵ月とする。必要がある場合は勅命で延長することができる。

第五十条
両議院ハ臣民ヨリ呈出スル請願書ヲ受クルコトヲ得

第五十一条
両議院ハ此ノ憲法及議院法ニ掲クルモノ、外内部ノ整理ニ必要ナル諸規則ヲ定ムルコトヲ得

第五十二条
両議院ノ議員ハ議院ニ於テ發言シタル意見及表決ニ付院外ニ於テ責ヲ負フコトナシ但シ議員自ラ其ノ言論ヲ演説刊行筆記又ハ其ノ他ノ方法ヲ以テ公布シタルトキハ一般ノ法律ニ依リ處分セラルヘシ

第五十三条
両議院ノ議員ハ現行犯罪又ハ内亂外患ニ關ル罪ヲ除ク外會期中其ノ院ノ許諾ナクシテ逮捕セラル、コトナシ

第五十四条
國務大臣及政府委員ハ何時タリトモ各議院ニ出席シ

第四十三条
一　臨時緊急の必要がある場合は、臨時国会を召集しなければならない。
二　臨時国会の会期は勅命で定める（責任は内閣が取る）。

第四十四条
一　帝国議会の開会・閉会・会期の延長・停会は、両院が同時に行わなければならない。
二　衆議院の解散を命じられたときは、貴族院は同時に停会しなければならない。

第四十五条
衆議院の解散を命じられたときは、勅命を以って新たに議員を選挙させ、解散の日から五ヵ月以内に召集しなければならない。

第四十六条
両議院はそれぞれ総議員の三分の一以上が出席するのでなければ、議事を開き議決することができない。

及發言スルコトヲ得

第四章　国務大臣及枢密顧問

第五十五条
一　國務各大臣ハ天皇ヲ輔弼シ其ノ責ニ任ス
二　凡テ法律勅令其ノ他國務ニ關ル詔勅ハ國務大臣ノ副署ヲ要ス

第五十六条
樞密顧問ハ樞密院官制ノ定ムル所ニ依リ天皇ノ諮詢ニ應ヘ重要ノ國務ヲ審議ス

第五章　司法

第五十七条
一　司法權ハ天皇ノ名ニ於テ法律ニ依リ裁判所之ヲ行フ
二　裁判所ノ構成ハ法律ヲ以テ之ヲ定ム

第五十八条
一　裁判官ハ法律ニ定メタル資格ヲ具フル者ヲ以テ

第四十七条
両議院の議事は過半数で決める。可否同数のときは議長の一票で決める。

第四十八条
両議院の会議は公開する。ただし、政府の要求またはその議院の決議によって秘密会とすることができる。

第四十九条
両議院はそれぞれ天皇に上奏することができる。

第五十条
両議院は国民から提出される請願書を受けることができる。

第五十一条
両議院は、この憲法と議院法に掲げるもののほか、内部の整理に必要な諸規則を定めることができる。

之ニ任ス
二　裁判官ハ刑法ノ宣告又ハ懲戒ノ處分ニ由ルノ外其ノ職ヲ免セラルヽコトナシ
三　懲戒ノ條規ハ法律ヲ以テ之ヲ定ム

第五十九条
裁判ノ對審判決ハ之ヲ公開ス但シ安寧秩序又ハ風俗ヲ害スルノ虞アルトキハ法律ニ依リ又ハ裁判所ノ決議ヲ以テ對審ノ公開ヲ停ムルコトヲ得

第六十条
特別裁判所ノ管轄ニ屬スヘキモノハ別ニ法律ヲ以テ之ヲ定ム

第六十一条
行政官廳ノ違法處分ニ由リ權利ヲ傷害セラレタリトスルノ訴訟ニシテ別ニ法律ヲ以テ定メタル行政裁判所ノ裁判ニ屬スヘキモノハ司法裁判所ニ於テ受理スルノ限ニ在ラス

第五十二条
衆議院議員と貴族院議員は、議会の中で発言した意見や投票行動について、院外（例えば裁判所など）において責任を問われることはない。ただし、議員自らがその発言を、演説・刊行・筆記その他の方法で議会の外に知らせたときは、法律によって処分される可能性がある。

第五十三条
衆議院議員と貴族院議員は、現行犯とスパイをしたときは例外だが、それ以外の犯罪を犯したとしても、会期中、その議員の所属する院が許さない限り逮捕されない。

第五十四条
国務大臣と政府委員はいつでも貴衆両院に出席し、発言することができる。

第四章　国務大臣及枢密顧問

第五十五条

第六章　会計

第六十二条

一　新ニ租税ヲ課シ及税率ヲ變更スルハ法律ヲ以テ之ヲ定ムヘシ

二　但シ報償ニ屬スル行政上ノ手數料及其ノ他ノ收納金ハ前項ノ限ニ在ラス

三　國債ヲ起シ及豫算ニ定メタルモノヲ除ク外國庫ノ負擔トナルヘキ契約ヲ爲スハ帝國議會ノ協贊ヲ經ヘシ

第六十三条

現行ノ租税ハ更ニ法律ヲ以テ之ヲ改メサル限ハ舊ニ依リ之ヲ徴收ス

第六十四条

一　國家ノ歳出歳入ハ毎年豫算ヲ以テ帝國議會ノ協贊ヲ經ヘシ

二　豫算ノ款項ニ超過シ又ハ豫算ノ外ニ生シタル支出アルトキハ後日帝國議會ノ承諾ヲ求ムルヲ要ス

一　国務大臣は天皇を輔弼し、その責任を負う。

二　天皇の御名御璽があっても、大臣の副署がなければ、どんな法律も勅令も詔勅も無効である。

第五十六条

枢密顧問官（含議長・副議長・書記官長）は、枢密院官制の定めるところにより、天皇諮詢に応え、重要な国務を審議する。

第五章　司法

第五十七条

一　司法権は、天皇の名前において、法律の定めるところによって、裁判所が裁判を行う。

二　裁判所の構成は法律で定める。

第五十八条

一　裁判官には、法律に定めた資格を備える者がなれる。

二　裁判官は、刑法や裁判所内の懲戒処分によるほかは、免職されない。

第六十五条
豫算ハ前ニ衆議院ニ提出スヘシ

第六十六条
皇室經費ハ現在ノ定額ニ依リ毎年國庫ヨリ之ヲ支出シ將來增額ヲ要スル場合ヲ除ク外帝國議會ノ協贊ヲ要セス

第六十七条
憲法上ノ大權ニ基ツケル既定ノ歳出及法律ノ結果ニ由リ又ハ法律上政府ノ義務ニ屬スル歳出ハ政府ノ同意ナクシテ帝國議會之ヲ廢除シ又ハ削減スルコトヲ得ス

第六十八条
特別ノ須要ニ因リ政府ハ豫メ年限ヲ定メ繼續費トシテ帝國議會ノ協贊ヲ求ムルコトヲ得

第六十九条
避クヘカラサル豫算ノ不足ヲ補フ爲ニ又ハ豫算ノ外

三　裁判官を免職する方法は法律で定める。

第五十九条
裁判の対審判決は公開する。ただし、公序良俗を害する恐れがあるときは、法律によって、または裁判所の決議で、対審の公開を止めることができる。

第六十条
特別裁判所の管轄に属すべきものは、別に法律で定める。

第六十一条
行政官庁の違法行為によって権利が侵害されたと訴えた裁判であって、別に法律で定めた行政裁判所でやるべき裁判は、普通の司法裁判所で受理しなくてもよいことにする。

第六章　会計

第六十二条
一　新たに税金を取ったり税率を上げるときは、法

ニ生シタル必要ノ費用ニ充ツル爲ニ豫備費ヲ設クヘシ

第七十条

一　公共ノ安全ヲ保持スル爲緊急ノ需用アル場合ニ於テ内外ノ情形ニ因リ政府ハ帝國議會ヲ召集スルコト能ハサルトキハ勅令ニ依リ財政上必要ノ處分ヲ爲スコトヲ得

二　前項ノ場合ニ於テハ次ノ會期ニ於テ帝國議會ニ提出シ其ノ承諾ヲ求ムルヲ要ス

第七十一条

帝國議會ニ於テ豫算ヲ議定セス又ハ豫算成立ニ至ラサルトキハ政府ハ前年度ノ豫算ヲ施行スヘシ

第七十二条

一　國家ノ歳出歳入ノ決算ハ會計檢査院之ヲ檢査確定シ政府ハ其ノ檢査報告ト倶ニ之ヲ帝國議會ニ提出スヘシ

二　會計檢査院ノ組織及職權ハ法律ヲ以テ之ヲ定ム

律で定めなければならない。

二　ただし行政の手数料など、細かい例外はある。

三　政府が借金したり、国民に納めてもらった税金に負担をかけるような契約をするときは（すでに予算で定めたものを除けば）、帝国議会の賛同がなければできない。

第六十三条

現行の租税は、法律で改めない限りは旧来通りに徴収する。

第六十四条

一　国家の歳出・歳入は、毎年、予算で帝国議会の同意を経なければならない。

二　予算の項目を超過したり、予算の外に生じた支出があったときは、後日帝国議会の承認を求めなければならない。

第六十五条

予算は先に衆議院に提出しなければならない。

第七章　補則

第七十三条
一　將來此ノ憲法ノ條項ヲ改正スルノ必要アルトキハ勅命ヲ以テ議案ヲ帝國議會ノ議ニ付スヘシ
二　此ノ場合ニ於テ兩議院ハ各々其ノ總員三分ノ二以上出席スルニ非サレハ議事ヲ開クコトヲ得ス出席議員三分ノ二以上ノ多數ヲ得ルニ非サレハ改正ノ議決ヲ爲スコトヲ得ス

第七十四条
一　皇室典範ノ改正ハ帝國議會ノ議ヲ經ルヲ要セス
二　皇室典範ヲ以テ此ノ憲法ノ條規ヲ變更スルコトヲ得ス

第七十五条
憲法及皇室典範ハ攝政ヲ置クノ間之ヲ變更スルコトヲ得ス

第七十六条
一　法律規則命令又ハ何等ノ名稱ヲ用ヰタルニ拘ラ

第六十六条
皇室経費は現在決まっている額を毎年国庫から支出する。もしのこの額を増やす場合は帝国議会の同意が必要だが、それ以外は関与してはいけない。

第六十七条
憲法上の大権による歳出、法律の結果、または法律上政府の義務である歳出は、政府の同意がなければ、帝国議会が勝手に排除したり削減したりすることはできない。

第六十八条
特別な必要がある場合には、政府は予め年限を決め、継続費を設けることができる。

第六十九条
避けることができない予算の不足を補うためと、予算外に生じた必要な費用に充てるため、予備費を設けなければならない。

ス此ノ憲法ニ矛盾セサル現行ノ法令ハ總テ遵由ノ効力ヲ有ス
二　歳出上政府ノ義務ニ係ル現在ノ契約又ハ命令ハ總テ第六十七條ノ例ニ依ル

第七十条
一　公共の安全を守るために緊急の必要がある場合で、客観情況が許さず帝国議会を召集することができないときは、政府は勅令によって財政上必要な処置をとることができる。
二　前項の緊急財政処分をした場合、次の会期に帝国議会に提出し、その承諾を求めなければならない。

第七十一条
帝国議会で予算を審議しない、または成立しないときは前年度予算を執行できる。

第七十二条
一　国家の歳出・歳入の決算は、会計検査院が検査確定し、政府はその検査報告とともにこれを帝国議会に提出しなければならない。
二　会計検査院の組織および職権は法律で定める。

第七章　補則

第七十三条

一　将来この憲法の条項を改正する必要があるときは、天皇陛下の命令で議案を帝国議会の議に付さなければならない。
二　この場合、衆議院と貴族院はそれぞれの三分の二以上の議員が出席していなければ議事を開くことができない。その出席議員の三分の二以上の多数を得なければ、改正の議決をすることはできない。

第七十四条
一　皇室典範の改正は帝国議会の議決を必要としない。
二　皇室典範で憲法の条文を変えてはいけない。

第七十五条
憲法と皇室典範は、摂政を置いている間は変更することができない。

第七十六条
一　法律・規則・命令またはどんな名称を用いていても、この憲法に矛盾しない、帝国憲法成立時点で

の法令は、すべて遵守しなければならない効力を持っている。

二　歳出に関連して政府の義務に関わる契約や命令は、すべて第六十七条（本当に国家に必要な予算は帝国議会が勝手に減らしてはいけない）と同じである。

巻末付録
Ⅱ

日本国憲法

（昭和21年11月3日公布）
（昭和22年5月3日施行）

日本国憲法

前文

日本国民は、正当に選挙された国会における代表者を通じて行動し、われらとわれらの子孫のために、諸国民との協和による成果と、わが国全土にわたつて自由のもたらす恵沢を確保し、政府の行為によつて再び戦争の惨禍が起ることのないやうにすることを決意し、ここに主権が国民に存することを宣言し、この憲法を確定する。そもそも国政は、国民の厳粛な信託によるものであつて、その権威は国民に由来し、その権力は国民の代表者がこれを行使し、その福利は国民がこれを享受する。これは人類普遍の原理であり、この憲法は、かかる原理に基くものである。われらは、これに反する一切の憲法、法令及び詔勅を排除する。

日本国民は、恒久の平和を念願し、人間相互の関係を支配する崇高な理想を深く自覚するのであつて、平和を愛する諸国民の公正と信義に信頼して、われらの安全と生存を保持しようと決意した。われらは、平和を維持し、専制と隷従、圧迫と偏狭を地上から永遠に除去しようと努めてゐる国際社会において、名誉ある地位を占めたいと思ふ。われらは、全世界の国民が、ひとしく恐怖と欠乏から免かれ、平和のうちに生存する権利を有することを確認する。

われらは、いづれの国家も、自国のことのみに専念して他国を無視してはならないのであつて、政治道徳の法則は、普遍的なものであり、この法則に従ふことは、自国の主権を維持し、他国と対等関係に立たうとする各国の責務であると信ずる。

日本国民は、国家の名誉にかけ、全力をあげてこの崇高な理想と目的を達成することを誓ふ。

第一章　天皇

第一条　天皇は、日本国の象徴であり日本国民統合の象徴であつて、この地位は、主権の存する日本国民の総意に基く。

第二条　皇位は、世襲のものであつて、国会の議決した皇室典範の定めるところにより、これを継承する。

第三条　天皇の国事に関するすべての行為には、内閣の助言と承認を必要とし、内閣が、その責任を負ふ。

第四条　天皇は、この憲法の定める国事に関する行為のみを行ひ、国政に関する権能を有しない。

②　天皇は、法律の定めるところにより、その国事に関する行為を委任することができる。

第五条　皇室典範の定めるところにより摂政を置くときは、摂政は、天皇の名でその国事に関する行為を行ふ。この場合には、前条第一項の規定を準用する。

第六条　天皇は、国会の指名に基いて、内閣総理大臣を任命する。

②　天皇は、内閣の指名に基いて、最高裁判所の長たる裁判官を任命する。

第七条　天皇は、内閣の助言と承認により、国民のために、左の国事に関する行為を行ふ。

一　憲法改正、法律、政令及び条約を公布すること。

二　国会を召集すること。

三　衆議院を解散すること。

四　国会議員の総選挙の施行を公示すること。

五　国務大臣及び法律の定めるその他の官吏の任免並びに全権委任状及び大使及び公使の信任状を認証すること。

六　大赦、特赦、減刑、刑の執行の免除及び復権を認証すること。

七　栄典を授与すること。

八　批准書及び法律の定めるその他の外交文書を認証すること。

九　外国の大使及び公使を接受すること。

十　儀式を行ふこと。

第八条　皇室に財産を譲り渡し、又は皇室が、財産を譲り受け、若しくは賜与することは、国会の議決に基かなければならない。

第二章　戦争の放棄

第九条　日本国民は、正義と秩序を基調とする国際平和を誠実に希求し、国権の発動たる戦争と、武力による威嚇又は武力の行使は、国際紛争を解決する手段としては、永久にこれを放棄する。

②　前項の目的を達するため、陸海空軍その他の戦力は、これを保持しない。国の交戦権は、これを認めない。

第三章　国民の権利及び義務

第十条　日本国民たる要件は、法律でこれを定める。

第十一条　国民は、すべての基本的人権の享有を妨げられない。この憲法が国民に保障する基本的人権は、侵すことのできない永久の権利として、現在及び将来の国民に与へられる。

第十二条　この憲法が国民に保障する自由及び権利は、国民の不断の努力によつて、これを保持しなければならない。又、国民は、これを濫用してはならないのであつて、常に公共の福祉のためにこれを利用する責任を負ふ。

第十三条　すべて国民は、個人として尊重される。生命、自由及び幸福追求に対する国民の権利については、公共の福祉に反しない限り、立法その他の国政の上で、最大の尊重を必要とする。

第十四条　すべて国民は、法の下に平等であつて、人種、信条、性別、社会的身分又は門地により、政治的、経済的又は社会的関係において、差別されない。

②　華族その他の貴族の制度は、これを認めない。

③　栄誉、勲章その他の栄典の授与は、いかなる特権も伴はない。栄典の授与は、現にこれを有し、又は将来これを受ける者の一代に限り、その効力を有する。

第十五条　公務員を選定し、及びこれを罷免することは、国民固有の権利である。

②　すべて公務員は、全体の奉仕者であつて、一部の奉仕者ではない。

③　公務員の選挙については、成年者による普通選挙を保障する。

④　すべて選挙における投票の秘密は、これを侵し

てはならない。選挙人は、その選択に関し公的にも私的にも責任を問はれない。

第十六条　何人も、損害の救済、公務員の罷免、法律、命令又は規則の制定、廃止又は改正その他の事項に関し、平穏に請願する権利を有し、何人も、かかる請願をしたためにいかなる差別待遇も受けない。

第十七条　何人も、公務員の不法行為により、損害を受けたときは、法律の定めるところにより、国又は公共団体に、その賠償を求めることができる。

第十八条　何人も、いかなる奴隷的拘束も受けない。又、犯罪に因る処罰の場合を除いては、その意に反する苦役に服させられない。

第十九条　思想及び良心の自由は、これを侵してはならない。

第二十条　信教の自由は、何人に対してもこれを保障する。いかなる宗教団体も、国から特権を受け、又は政治上の権力を行使してはならない。

② 何人も、宗教上の行為、祝典、儀式又は行事に参加することを強制されない。

③ 国及びその機関は、宗教教育その他いかなる宗教的活動もしてはならない。

第二十一条　集会、結社及び言論、出版その他一切の表現の自由は、これを保障する。

② 検閲は、これをしてはならない。通信の秘密は、これを侵してはならない。

第二十二条　何人も、公共の福祉に反しない限り、居住、移転及び職業選択の自由を有する。

② 何人も、外国に移住し、又は国籍を離脱する自由を侵されない。

第二十三条　学問の自由は、これを保障する。

第二十四条　婚姻は、両性の合意のみに基いて成立し、夫婦が同等の権利を有することを基本として、相互の協力により、維持されなければならない。

② 配偶者の選択、財産権、相続、住居の選定、離婚並びに婚姻及び家族に関するその他の事項に関しては、法律は、個人の尊厳と両性の本質的平等に立脚して、制定されなければならない。

第二十五条　すべて国民は、健康で文化的な最低限度の生活を営む権利を有する。

② 国は、すべての生活部面について、社会福祉、

社会保障及び公衆衛生の向上及び増進に努めなければならない。

第二十六条　すべて国民は、法律の定めるところにより、その能力に応じて、ひとしく教育を受ける権利を有する。

② すべて国民は、法律の定めるところにより、その保護する子女に普通教育を受けさせる義務を負ふ。義務教育は、これを無償とする。

第二十七条　すべて国民は、勤労の権利を有し、義務を負ふ。

② 賃金、就業時間、休息その他の勤労条件に関する基準は、法律でこれを定める。

③ 児童は、これを酷使してはならない。

第二十八条　勤労者の団結する権利及び団体交渉その他の団体行動をする権利は、これを保障する。

第二十九条　財産権は、これを侵してはならない。

② 財産権の内容は、公共の福祉に適合するやうに、法律でこれを定める。

③ 私有財産は、正当な補償の下に、これを公共のために用ひることができる。

第三十条　国民は、法律の定めるところにより、納税の義務を負ふ。

第三十一条　何人も、法律の定める手続によらなければ、その生命若しくは自由を奪はれ、又はその他の刑罰を科せられない。

第三十二条　何人も、裁判所において裁判を受ける権利を奪はれない。

第三十三条　何人も、現行犯として逮捕される場合を除いては、権限を有する司法官憲が発し、且つ理由となつてゐる犯罪を明示する令状によらなければ、逮捕されない。

第三十四条　何人も、理由を直ちに告げられ、且つ、直ちに弁護人に依頼する権利を与へられなければ、抑留又は拘禁されない。又、何人も、正当な理由がなければ、拘禁されず、要求があれば、その理由は、直ちに本人及びその弁護人の出席する公開の法廷で示されなければならない。

第三十五条　何人も、その住居、書類及び所持品について、侵入、捜索及び押収を受けることのない権利は、第三十三条の場合を除いては、正当な理由に基いて発せられ、且つ捜索する場所及び押収する物を明示する令状がなければ、侵されない。
② 捜索又は押収は、権限を有する司法官憲が発する各別の令状により、これを行ふ。
第三十六条 公務員による拷問及び残虐な刑罰は、絶対にこれを禁ずる。
第三十七条 すべて刑事事件においては、被告人は、公平な裁判所の迅速な公開裁判を受ける権利を有する。
② 刑事被告人は、すべての証人に対して審問する機会を充分に与へられ、又、公費で自己のために強制的手続により証人を求める権利を有する。
③ 刑事被告人は、いかなる場合にも、資格を有する弁護人を依頼することができる。被告人が自らこれを依頼することができないときは、国でこれを附する。
第三十八条 何人も、自己に不利益な供述を強要されない。
② 強制、拷問若しくは脅迫による自白又は不当に長く抑留若しくは拘禁された後の自白は、これを証拠とすることができない。
③ 何人も、自己に不利益な唯一の証拠が本人の自白である場合には、有罪とされ、又は刑罰を科せられない。
第三十九条 何人も、実行の時に適法であつた行為又は既に無罪とされた行為については、刑事上の責任を問はれない。又、同一の犯罪について、重ねて刑事上の責任を問はれない。
第四十条 何人も、抑留又は拘禁された後、無罪の裁判を受けたときは、法律の定めるところにより、国にその補償を求めることができる。

第四章 国会

第四十一条 国会は、国権の最高機関であつて、国の唯一の立法機関である。
第四十二条 国会は、衆議院及び参議院の両議院でこれを構成する。
第四十三条 両議院は、全国民を代表する選挙された議員でこれを組織する。
② 両議院の議員の定数は、法律でこれを定める。

第四十四条　両議院の議員及びその選挙人の資格は、法律でこれを定める。但し、人種、信条、性別、社会的身分、門地、教育、財産又は収入によつて差別してはならない。

第四十五条　衆議院議員の任期は、四年とする。但し、衆議院解散の場合には、その期間満了前に終了する。

第四十六条　参議院議員の任期は、六年とし、三年ごとに議員の半数を改選する。

第四十七条　選挙区、投票の方法その他両議院の議員の選挙に関する事項は、法律でこれを定める。

第四十八条　何人も、同時に両議院の議員たることはできない。

第四十九条　両議院の議員は、法律の定めるところにより、国庫から相当額の歳費を受ける。

第五十条　両議院の議員は、法律の定める場合を除いては、国会の会期中逮捕されず、会期前に逮捕された議員は、その議院の要求があれば、会期中これを釈放しなければならない。

第五十一条　両議院の議員は、議院で行つた演説、討論又は表決について、院外で責任を問はれない。

第五十二条　国会の常会は、毎年一回これを召集する。

第五十三条　内閣は、国会の臨時会の召集を決定することができる。いづれかの議院の総議員の四分の一以上の要求があれば、内閣は、その召集を決定しなければならない。

第五十四条　衆議院が解散されたときは、解散の日から四十日以内に、衆議院議員の総選挙を行ひ、その選挙の日から三十日以内に、国会を召集しなければならない。

② 衆議院が解散されたときは、参議院は、同時に閉会となる。但し、内閣は、国に緊急の必要があるときは、参議院の緊急集会を求めることができる。

③ 前項但書の緊急集会において採られた措置は、臨時のものであつて、次の国会開会の後十日以内に、衆議院の同意がない場合には、その効力を失ふ。

第五十五条　両議院は、各々その議員の資格に関する争訟を裁判する。但し、議員の議席を失はせるには、出席議員の三分の二以上の多数による議決を必要とする。
第五十六条　両議院は、各々その総議員の三分の一以上の出席がなければ、議事を開き議決することができない。
② 両議院の議事は、この憲法に特別の定のある場合を除いては、出席議員の過半数でこれを決し、可否同数のときは、議長の決するところによる。
第五十七条　両議院の会議は、公開とする。但し、出席議員の三分の二以上の多数で議決したときは、秘密会を開くことができる。
② 両議院は、各々その会議の記録を保存し、秘密会の記録の中で特に秘密を要すると認められるもの以外は、これを公表し、且つ一般に頒布しなければならない。
③ 出席議員の五分の一以上の要求があれば、各議員の表決は、これを会議録に記載しなければならない。
第五十八条　両議院は、各々その議長その他の役員を選任する。
② 両議院は、各々その会議その他の手続及び内部の規律に関する規則を定め、又、院内の秩序をみだした議員を懲罰することができる。但し、議員を除名するには、出席議員の三分の二以上の多数による議決を必要とする。
第五十九条　法律案は、この憲法に特別の定のある場合を除いては、両議院で可決したとき法律となる。
② 衆議院で可決し、参議院でこれと異なつた議決をした法律案は、衆議院で出席議員の三分の二以上の多数で再び可決したときは、法律となる。
③ 前項の規定は、法律の定めるところにより、衆議院が、両議院の協議会を開くことを求めることを妨げない。
④ 参議院が、衆議院の可決した法律案を受け取つた後、国会休会中の期間を除いて六十日以内に、議決しないときは、衆議院は、参議院がその法律案を否決したものとみなすことができる。
第六十条　予算は、さきに衆議院に提出しなければならない。
② 予算について、参議院で衆議院と異なつた議決をした場合に、法律の定めるところにより、両議院

の協議会を開いても意見が一致しないとき、又は参議院が、衆議院の可決した予算を受け取つた後、国会休会中の期間を除いて三十日以内に、議決しないときは、衆議院の議決を国会の議決とする。

第六十一条　条約の締結に必要な国会の承認については、前条第二項の規定を準用する。

第六十二条　両議院は、各々国政に関する調査を行ひ、これに関して、証人の出頭及び証言並びに記録の提出を要求することができる。

第六十三条　内閣総理大臣その他の国務大臣は、両議院の一に議席を有すると有しないとにかかはらず、何時でも議案について発言するため議院に出席することができる。又、答弁又は説明のため出席を求められたときは、出席しなければならない。

第六十四条　国会は、罷免の訴追を受けた裁判官を裁判するため、両議院の議員で組織する弾劾裁判所を設ける。

②　弾劾に関する事項は、法律でこれを定める。

第五章　内閣

第六十五条　行政権は、内閣に属する。

第六十六条　内閣は、法律の定めるところにより、その首長たる内閣総理大臣及びその他の国務大臣でこれを組織する。

②　内閣総理大臣その他の国務大臣は、文民でなければならない。

③　内閣は、行政権の行使について、国会に対し連帯して責任を負ふ。

第六十七条　内閣総理大臣は、国会議員の中から国会の議決で、これを指名する。この指名は、他のすべての案件に先だつて、これを行ふ。

②　衆議院と参議院とが異なつた指名の議決をした場合に、法律の定めるところにより、両議院の協議会を開いても意見が一致しないとき、又は衆議院が指名の議決をした後、国会休会中の期間を除いて十日以内に、参議院が、指名の議決をしないときは、衆議院の議決を国会の議決とする。

第六十八条　内閣総理大臣は、国務大臣を任命する。但し、その過半数は、国会議員の中から選ばれなければならない。

② 内閣総理大臣は、任意に国務大臣を罷免することができる。

第六十九条 内閣は、衆議院で不信任の決議案を可決し、又は信任の決議案を否決したときは、十日以内に衆議院が解散されない限り、総辞職をしなければならない。

第七十条 内閣総理大臣が欠けたとき、又は衆議院議員総選挙の後に初めて国会の召集があつたときは、内閣は、総辞職をしなければならない。

第七十一条 前二条の場合には、内閣は、あらたに内閣総理大臣が任命されるまで引き続きその職務を行ふ。

第七十二条 内閣総理大臣は、内閣を代表して議案を国会に提出し、一般国務及び外交関係について国会に報告し、並びに行政各部を指揮監督する。

第七十三条 内閣は、他の一般行政事務の外、左の事務を行ふ。

一 法律を誠実に執行し、国務を総理すること。
二 外交関係を処理すること。
三 条約を締結すること。但し、事前に、時宜によつては事後に、国会の承認を経ることを必要とする。
四 法律の定める基準に従ひ、官吏に関する事務を掌理すること。
五 予算を作成して国会に提出すること。
六 この憲法及び法律の規定を実施するために、政令を制定すること。但し、政令には、特にその法律の委任がある場合を除いては、罰則を設けることができない。
七 大赦、特赦、減刑、刑の執行の免除及び復権を決定すること。

第七十四条 法律及び政令には、すべて主任の国務大臣が署名し、内閣総理大臣が連署することを必要とする。

第七十五条 国務大臣は、その在任中、内閣総理大臣の同意がなければ、訴追されない。但し、これがため、訴追の権利は、害されない。

第六章 司法

第七十六条 すべて司法権は、最高裁判所及び法律の定めるところにより設置する下級裁判所に属する。

② 特別裁判所は、これを設置することができない。行政機関は、終審として裁判を行ふことができない。
③ すべて裁判官は、その良心に従ひ独立してその職権を行ひ、この憲法及び法律にのみ拘束される。
第七十七条 最高裁判所は、訴訟に関する手続、弁護士、裁判所の内部規律及び司法事務処理に関する事項について、規則を定める権限を有する。
② 検察官は、最高裁判所の定める規則に従はなければならない。
③ 最高裁判所は、下級裁判所に関する規則を定める権限を、下級裁判所に委任することができる。
第七十八条 裁判官は、裁判により、心身の故障のために職務を執ることができないと決定された場合を除いては、公の弾劾によらなければ罷免されない。裁判官の懲戒処分は、行政機関がこれを行ふことはできない。
第七十九条 最高裁判所は、その長たる裁判官及び法律の定める員数のその他の裁判官でこれを構成し、その長たる裁判官以外の裁判官は、内閣でこれを任命する。

② 最高裁判所の裁判官の任命は、その任命後初めて行はれる衆議院議員総選挙の際国民の審査に付し、その後十年を経過した後初めて行はれる衆議院議員総選挙の際更に審査に付し、その後も同様とする。
③ 前項の場合において、投票者の多数が裁判官の罷免を可とするときは、その裁判官は、罷免される。
④ 審査に関する事項は、法律でこれを定める。
⑤ 最高裁判所の裁判官は、法律の定める年齢に達した時に退官する。
⑥ 最高裁判所の裁判官は、すべて定期に相当額の報酬を受ける。この報酬は、在任中、これを減額することができない。
第八十条 下級裁判所の裁判官は、最高裁判所の指名した者の名簿によつて、内閣でこれを任命する。その裁判官は、任期を十年とし、再任されることができる。但し、法律の定める年齢に達した時には退官する。
② 下級裁判所の裁判官は、すべて定期に相当額の報酬を受ける。この報酬は、在任中、これを減額することができない。

第八十一条　最高裁判所は、一切の法律、命令、規則又は処分が憲法に適合するかしないかを決定する権限を有する終審裁判所である。

第八十二条　裁判の対審及び判決は、公開法廷でこれを行ふ。

②　裁判所が、裁判官の全員一致で、公の秩序又は善良の風俗を害する虞があると決した場合には、対審は、公開しないでこれを行ふことができる。但し、政治犯罪、出版に関する犯罪又はこの憲法第三章で保障する国民の権利が問題となつてゐる事件の対審は、常にこれを公開しなければならない。

第七章　財政

第八十三条　国の財政を処理する権限は、国会の議決に基いて、これを行使しなければならない。

第八十四条　あらたに租税を課し、又は現行の租税を変更するには、法律又は法律の定める条件によることを必要とする。

第八十五条　国費を支出し、又は国が債務を負担するには、国会の議決に基くことを必要とする。

第八十六条　内閣は、毎会計年度の予算を作成し、国会に提出して、その審議を受け議決を経なければならない。

第八十七条　予見し難い予算の不足に充てるため、国会の議決に基いて予備費を設け、内閣の責任でこれを支出することができる。

②　すべて予備費の支出については、内閣は、事後に国会の承諾を得なければならない。

第八十八条　すべて皇室財産は、国に属する。すべて皇室の費用は、予算に計上して国会の議決を経なければならない。

第八十九条　公金その他の公の財産は、宗教上の組織若しくは団体の使用、便益若しくは維持のため、又は公の支配に属しない慈善、教育若しくは博愛の事業に対し、これを支出し、又はその利用に供してはならない。

第九十条　国の収入支出の決算は、すべて毎年会計検査院がこれを検査し、内閣は、次の年度に、その検査報告とともに、これを国会に提出しなければならない。

② 会計検査院の組織及び権限は、法律でこれを定める。

第九十一条 内閣は、国会及び国民に対し、定期に、少くとも毎年一回、国の財政状況について報告しなければならない。

第八章　地方自治

第九十二条 地方公共団体の組織及び運営に関する事項は、地方自治の本旨に基いて、法律でこれを定める。

第九十三条 地方公共団体には、法律の定めるところにより、その議事機関として議会を設置する。

② 地方公共団体の長、その議会の議員及び法律の定めるその他の吏員は、その地方公共団体の住民が、直接これを選挙する。

第九十四条 地方公共団体は、その財産を管理し、事務を処理し、及び行政を執行する権能を有し、法律の範囲内で条例を制定することができる。

第九十五条 一の地方公共団体のみに適用される特別法は、法律の定めるところにより、その地方公共団体の住民の投票においてその過半数の同意を得なければ、国会は、これを制定することができない。

第九章　改正

第九十六条 この憲法の改正は、各議院の総議員の三分の二以上の賛成で、国会が、これを発議し、国民に提案してその承認を経なければならない。この承認には、特別の国民投票又は国会の定める選挙の際行はれる投票において、その過半数の賛成を必要とする。

② 憲法改正について前項の承認を経たときは、天皇は、国民の名で、この憲法と一体を成すものとして、直ちにこれを公布する。

第十章　最高法規

第九十七条 この憲法が日本国民に保障する基本的人権は、人類の多年にわたる自由獲得の努力の成果であつて、これらの権利は、過去幾多の試錬に堪へ、現在及び将来の国民に対し、侵すことのできない永久の権利として信託されたものである。

第九十八条　この憲法は、国の最高法規であつて、その条規に反する法律、命令、詔勅及び国務に関するその他の行為の全部又は一部は、その効力を有しない。

② 日本国が締結した条約及び確立された国際法規は、これを誠実に遵守することを必要とする。

第九十九条　天皇又は摂政及び国務大臣、国会議員、裁判官その他の公務員は、この憲法を尊重し擁護する義務を負ふ。

第十一章　補則

第百条　この憲法は、公布の日から起算して六箇月を経過した日（昭二二・五・三）から、これを施行する。

② この憲法を施行するために必要な法律の制定、参議院議員の選挙及び国会召集の手続並びにこの憲法を施行するために必要な準備手続は、前項の期日よりも前に、これを行ふことができる。

第百一条　この憲法施行の際、参議院がまだ成立してゐないときは、その成立するまでの間、衆議院は、国会としての権限を行ふ。

第百二条　この憲法による第一期の参議院議員のうち、その半数の者の任期は、これを三年とする。その議員は、法律の定めるところにより、これを定める。

第百三条　この憲法施行の際現に在職する国務大臣、衆議院議員及び裁判官並びにその他の公務員で、その地位に相応する地位がこの憲法で認められてゐる者は、法律で特別の定をした場合を除いては、この憲法施行のため、当然にはその地位を失ふことはない。但し、この憲法によつて、後任者が選挙又は任命されたときは、当然その地位を失ふ。

◎著者略歴
KAZUYA（かずや）
動画製作者。昭和63年3月2日北海道帯広市生まれ。YouTube、ニコニコ動画にニュース、政治などの話題を「KAZUYA CHANNEL」にてほぼ毎日配信。現在YouTubeのチャンネル登録者は37万人、ニコニコ動画では14万人を突破している。
著書に、『超日本人の時代』（アイバス出版）、『日本国民の新教養』（KADOKAWA）、『日本人が知っておくべき「戦争」の話』（小社）などがある。

日本人が知っておくべき「日本国憲法」の話

2016年12月25日　初版第1刷発行

著　者　KAZUYA

発行者　栗原武夫
発行所　KKベストセラーズ
〒170-8457
東京都豊島区南大塚2-29-7
電話 03-5976-9121
http://www.kk-bestsellers.com/

印刷所　錦明印刷株式会社
製本所　ナショナル製本協同組合
DTP　株式会社三協美術
装　幀　神長文夫＋柏田幸子
撮　影　大倉英揮

ISBN 978-4-584- 13767-3 C0095